Des lieux et des liens

La collection *Monde en cours*
est dirigée par Jean Viard

Série *Interventions*

Couverture : atelier graphique des éditions de l'Aube

ISBN : 2-87678-746-6

Pierre Veltz

Des lieux et des liens

Politiques du territoire à l'heure de la mondialisation

Pour Nicole

Bien amicalement.

Pierre.

éditions de l'aube

Du même auteur :

Entreprises et Territoires en réseaux (avec Frantz Rowe), Presses de l'ENPC, 1991.

Les Nouveaux Espaces de l'entreprise (avec Michel Savy), Datar/Éditions de l'Aube, 1993.

Économie globale et Réinvention du local (avec Michel Savy), Datar/Éditions de l'Aube, 1995.

Mondialisation, villes et territoires : une économie d'archipel, Puf, 1996.

L'Autonomie dans les organisations. Quoi de neuf ? (avec Kostas Chatzis, Céline Mounier, Pierre Veltz, P. Zarifian), L'Harmattan, coll. Logiques sociales, 1999.

Le Nouveau Monde industriel, Gallimard, 2000.

Le Travail, entre l'entreprise et la cité (avec Gilles Jeannot), Éditions de l'Aube, 2001.

Avertissement

Cet ouvrage est né du projet de rééditer un petit livre paru en 1994 aux éditions de l'Aube et qui, grâce à la Datar, avait connu une large diffusion: *Des territoires pour apprendre et innover*. Le lecteur en retrouvera ici les thématiques principales. Mais les événements et les changements survenus depuis la publication, ainsi que la multiplication des travaux et des débats sur la mondialisation depuis 1994, m'ont amené à une réécriture complète et à de nombreux élargissements, notamment sur la question de l'Europe. Ce livre s'adresse à tous ceux qui souhaitent comprendre le nouveau contexte dans lequel nous sommes entrés, et particulièrement aux acteurs des politiques de développement territorial. Il ne propose aucune recette, mais quelques concepts utiles, je l'espère, pour réfléchir l'action. Pour de plus amples développements analytiques, je me permets de renvoyer le lecteur à mon livre paru aux Presses universitaires de France, *Mondialisation, villes et territoires. Une économie d'archipel* (1996).

P. V.

Introduction

On a souvent insisté, à juste titre, sur les extraordinaires changements qui ont remodelé notre pays durant les trois décennies d'après-guerre. De 1950 à 1980, le revenu annuel moyen par habitant, qui n'avait guère bougé depuis 1900, a été multiplié par 4,5 (Piketty, 2001) ! Or, les transformations qui se sont engagées depuis les années quatre-vingt ne sont pas moins profondes et, sous bien des aspects, elles sont en complète divergence avec celles des bien nommées « trente glorieuses ». D'où un certain désarroi : deux révolutions dans le même demi-siècle, c'est beaucoup pour un seul pays, même avec un clivage générationnel aussi marqué que celui de 1968. Rien ne manifeste mieux ces changements de cap que le *rapport au territoire*, élément central de la vie de la nation. L'« aménagement du territoire » est une vieille passion française – singulière en Europe par son intensité et par ses formes – qui s'est épanouie dans les années gaulliennes. Dans le texte le plus cité des manuels scolaires de la IIIe République, l'extraordinaire panoramique du *Tableau de la France* de Michelet (1833), l'image est fixée d'un territoire, « vaste et puissant organisme » qui, à travers sa diversité, exprime une sorte d'unité essentielle se confondant avec l'unité de la République. Cette vision architectonique d'un territoire traité comme un corps global, toujours en recherche d'harmonie, de cohérence et d'équilibre, n'a cessé d'inspirer tous ceux qui, penseurs et praticiens, ont voulu contrôler, organiser, remodeler ce territoire. Dans les années soixante, une série de facteurs entrent en symbiose directe avec cette conception et la portent à son apogée : la réaffirmation d'un État fort et volontariste, l'unification économique du marché et du système productif national, la constitution de grands groupes industriels et bancaires, et aussi, paradoxalement, l'urbanisation qui entraîne l'émergence d'un rapport déjà nostalgique à la France rurale et à son armature traditionnelle.

L'internationalisation de l'économie (après une longue période, commune à tous les grands pays, de repli national), le développement des mobilités, la généralisation de l'urbanisation des modes de vie n'ont pas éliminé toutes les traces, il s'en faut de beaucoup, de ce modèle unitaire et organique du territoire français. En 1988, au terme d'un parcours où il note toutes ces mutations en cours, Armand Frémont parle encore d'un Hexagone « système en équilibre quasi parfait mais fragile », désormais marqué par la montée uniformisatrice des classes moyennes (Frémont, 1988). Et François Ascher souligne que, si la réforme politique de la décentralisation a accompagné les mutations d'une société où les régulations centralisées agrippent de plus en plus difficilement la réalité, cette réforme n'a toujours pas donné aux villes et aux populations urbaines la place qui devait leur revenir dans la vie démocratique (Ascher, 1998).

Mais un doute sérieux s'est installé. Le modèle traditionnel de l'aménagement fondé sur les grands projets publics et la négociation avec les grandes firmes est en crise. Les craintes suscitées par l'Europe et par la mondialisation conduisent à des crispations sur la nation unitaire, chez les uns, et à la revitalisation des particularismes régionaux, chez les autres. Depuis une quinzaine d'années, face aux modèles traditionnels de l'« aménagement du territoire », émerge ainsi un autre modèle : celui du « développement local ». L'accent est mis sur les dynamismes particuliers des villes, des régions, des pays. Les PME sont glorifiées, les sociétés locales veulent se redécouvrir acteurs, et pas seulement sujets, du développement. On comprend de mieux en mieux que ces dynamismes locaux sont un atout crucial du pays dans une compétition mondialisée.

Ce nouveau modèle peut-il, doit-il, définitivement supplanter celui d'une gestion territoriale pensée et organisée globalement, donc centralement ? *Non*, probablement, si l'on prend en compte l'exigence d'*équité*, que le libre jeu du marché et des dynamismes concurrents des territoires ne sauraient atteindre spontanément et que minent les mécanismes cumulatifs de développement des inégalités territoriales, mécanismes que l'on voit clairement resurgir dans les années quatre-vingt et quatre-vingt-dix, alors que les « trente glorieuses » avaient été en France comme dans le reste de l'Europe des années de réduction des différences interterritoriales (en termes de revenu, de niveau de vie, de productivité).

Oui, certainement, si l'on considère le versant de l'*efficacité*, de la performance économique. Car il n'est plus raisonnable de penser l'« aménagement du territoire » d'abord comme un processus de redistribution au sein d'un jeu à somme nulle – *grosso modo* : Paris contre les régions. Ce jeu avait sa pertinence dans une économie fermée, où il s'agissait de partager un gâteau de volume fixé. Il n'en a plus guère dans une économie ouverte. Le temps paraît lointain, d'autre part, où l'État pouvait, en négociant avec les grands groupes industriels, orienter leurs emplois en croissance rapide (de 1955 à 1976, un million et demi d'emplois industriels créés) vers les zones en difficulté et contribuer ainsi directement à l'équilibre du territoire. La crise est passée par là. Et la croissance revenue, croissance diffuse à base d'emplois tertiaires principalement, n'offre pas la même prise aux politiques publiques. De fin 1997 à fin 2000, 1,6 million d'emplois auront pourtant été créés, inflexion considérable dans l'histoire de l'emploi français depuis le début du siècle : deux fois le rythme des années soixante, dix fois celui de 1974-1996. Mais, en dehors des grandes infrastructures, dont les effets structurels sur le développement sont quasi impossibles à saisir, seules les politiques macroéconomiques et les politiques « horizontales » (formation, aide à l'innovation, politiques du marché du travail) semblent désormais capables d'agir sur ce rythme.

Une idée, relativement neuve il y a dix ans, s'est ainsi progressivement imposée : l'idée selon laquelle il convenait de penser *les politiques territoriales d'abord comme des politiques destinées à favoriser la création de res-*

sources et de richesses nouvelles et non plus comme des politiques d'affectation ou de réaffectation de ressources et de richesses données; ou encore, par voie de conséquence, que la libération des potentiels locaux d'initiatives était désormais la priorité des priorités, dans une dynamique territoriale « décentralisée » de manière intrinsèque, et pas seulement par l'effet d'un nouveau partage du pouvoir institutionnel.

Une deuxième idée simple a fait son chemin, parallèlement. C'est celle qui affirme que le développement des territoires est, de moins en moins, le résultat pratiquement déterministe d'une dotation favorable en facteurs de production (avant-hier, l'énergie et les matières premières; hier, une main-d'œuvre abondante et bon marché); mais le résultat étranger à toute fatalité de la géographie d'un maillage réussi entre les acteurs publics et privés, adossés à des *institutions* adéquates, porteurs de *projets* pertinents et mobilisateurs. Cette hypothèse d'un ressort plus social qu'économique du développement ne s'est pas imposée simplement dans la perspective sympathique et vaguement romantique d'un retour au volontarisme localiste. Elle est appuyée sur des constats empiriques, comme le caractère très variable du dynamisme territorial, en peau de léopard, et la difficulté à relier ce dynamisme à des facteurs objectifs de la géographie des localisations, des dotations ou des coûts. Pourquoi telle ville, telle microrégion, se développent-elles, alors qu'à peu de distance d'autres zones s'enfoncent dans le marasme ? Il est rare qu'à de telles questions s'imposent des réponses « géographiques » classiques. Beaucoup plus pertinente est l'explication par des trajectoires historiquement cumulatives et surtout par l'importance croissante des effets d'interaction et de coopération non routinière entre les acteurs, *compte tenu des formes nouvelles de la compétitivité dans le cadre d'une concurrence par la qualité et l'innovation.* Dans le contexte économique et technologique où nous sommes plongés, c'est l'intelligence de la combinaison des ressources qui fait la différence entre les territoires qui gagnent et ceux qui perdent. La géographie des coûts et des stocks de facteurs cède la place à une géographie des organisations et de la qualité des institutions. Tels sont désormais les théorèmes essentiels de la compétitivité, que je me propose ici d'illustrer.

Reste – et c'est aussi l'objet de ce bref ouvrage – la grande question : celle du lien entre ces trajectoires du « développement local » et la dynamique de la « mondialisation », c'est-à-dire, au sens où nous l'entendons ici, de l'*interdépendance* croissante, à petite et à grande échelle, entre les acteurs économiques, les États, les territoires. Il est fascinant de remarquer que la thématique de la « mondialisation », qui a pris la place que l'on connaît dans les médias et dans l'opinion, était quasiment absente du débat public jusqu'en 1996-1997 (les universitaires parlaient de « globalisation », et le mot était quasi synonyme, pour le grand public et une large partie de la classe politique, des délocalisations vers les pays à bas salaires...). Une irruption aussi massive ne s'est pas réalisée, bien sûr, sans une charge mythologique qui crée souvent plus de confusion que de clarté. En entrant en collision avec la thématique traditionnelle du « développement local », elle en a accentué deux visions qui me paraissent également contestables.

La première est celle du développement local comme îlot de résistance au monstre mondialiste laminant tout sur son passage : économie du terroir contre économie cosmopolite ; économie enracinée contre économie nomade, *foot-loose*. La deuxième est, à l'inverse, celle de l'impuissance du local face au global, les acteurs locaux n'ayant plus de salut que dans leur capacité de séduire les investisseurs exogènes, en pratiquant pour cela toutes les surenchères.

On ne peut évidemment pas nier que, au cours des dernières décennies, les acteurs économiques nomades, capables d'opérer sur de multiples territoires en tirant profit de leurs différences, ont pris une place croissante, au détriment des acteurs sédentaires qui n'opèrent que dans un espace déterminé. Mais la représentation d'un monde constitué de plusieurs couches indépendantes – en haut, les acteurs mondialisés, en bas les acteurs locaux – ne tient pas.

La « mondialisation » ne se résume pas à une sorte de macroprocessus dont les économies nationales et locales ne seraient que les jouets et, encore moins, à un mécanisme de standardisation des formes de production et de consommation. Le phénomène qui s'est accéléré n'est pas celui de l'unification des échelles économiques, mais celui de l'interdépendance, du télescopage et de l'imbrication croissante de ces échelles. Il suffit par exemple de constater, dans les rues piétonnières de nos villes ou dans leurs périphéries, la multiplication des enseignes relevant de firmes multinationales pour comprendre qu'il n'y a plus, d'un côté, une économie productive internationalisée et, d'un autre côté, des services locaux relevant d'une économie à courte portée. Le mélange et l'interpénétration généralisée, en tous lieux, des trois étages distingués par Braudel – l'économie de consommation courante, à court rayon, l'économie de marché à moyenne portée, et l'économie de la finance et du commerce lointain – sont désormais une caractéristique fondamentale du monde où nous vivons. Celui-ci a cessé d'être un monde bien ordonné par la distance. Le global est partout présent dans le local, ce qui rend notre monde beaucoup plus difficile à penser et à représenter spatialement que par le passé. Peu d'activités sont désormais assignables à une échelle donnée, qui les contiendrait tout entières. On est toujours dans l'articulation des échelles.

La question cruciale est donc – pour l'analyse comme pour l'action – celle de la relation, et non de l'opposition, entre les dynamiques « exogènes » et les dynamiques « endogènes » qui sont à l'œuvre sur un territoire. Le localisme de terroir peut être une stratégie, mais à la seule condition de n'être pas un repli et de se relier à une stratégie de réseaux externes. L'empressement auprès des investisseurs extérieurs peut être payant, mais il peut aussi faire oublier que la croissance ou le déclin se jouent en général, pour l'essentiel, dans les évolutions graduelles des activités déjà implantées. Dans un pays comme la France, où les grands groupes sont omniprésents et où une proportion considérable des PME travaille, directement ou indirectement, pour ces groupes, définir des politiques territoriales qui ne prennent pas en compte les formes d'ancrage ou de désancrages de ces grandes firmes serait dangereux et illusoire.

Or ce n'est pas, comme le pensent certains pessimistes, une tâche impossible. Car, dans la dynamique du global, le local n'est pas seulement résiduel ou passif. Le grand paradoxe est là. La mondialisation coexiste avec la renaissance de ce qu'on peut appeler des « économies-territoires », dont la compétitivité repose largement sur des formes de coopération et des capacités d'apprentissage hautement spécifiques. Les réseaux économiques les plus étendus et les plus détachés des territoires, en apparence, ne subsistent eux-mêmes qu'à travers de multiples formes de mobilité, certes, mais aussi d'adhérences spatiales particulières. Les activités de la haute technologie et de la finance avancée en fournissent une illustration saisissante. Leur « territoire » est certes le réseau électronique, mais aussi un ensemble de nœuds très fortement spatialisés (la Silicon Valley et ses « répliques » dans le reste du monde; les districts financiers de Londres, New York ou Tôkyô).

Détecter, comprendre, valoriser ces adhérences – et leurs évolutions parfois rapides – telle est donc l'une des tâches prioritaires d'un aménagement du territoire repensé. Deux clés privilégiées s'offrent pour cela: la compréhension des *mobilités*, celle de l'*articulation des échelles*.

Évoquer le rétrécissement du monde provoqué par la chute rapide des coûts des transports et des communications est une banalité. Mais tous les facteurs économiques et toutes les composantes de la société humaine ne sont pas également mobiles. Une curieuse inversion s'est produite, des années cinquante et soixante aux années quatre-vingt et quatre-vingt-dix. Les capitaux et les biens manufacturés, puis les services, dont la mobilité était fortement corsetée dans les enclaves nationales, circulent désormais librement, à de minuscules exceptions près. Le « progrès technique », en revanche, qui apparaissait dans les années d'après-guerre comme un ingrédient universel et fluide, partout disponible, se présente aujourd'hui comme de plus en plus encastré dans des lieux particuliers, fonctionnant au sein d'un archipel plus ou moins refermé sur lui-même. Il est en effet de plus en plus lié à des savoirs incorporés par les hommes et à des formes très spécifiques de communication entre ces derniers. Or les hommes sont encore, de loin, les ressources les moins mobiles, soit du fait des barrières créées par les États, soit en raison de leur volonté propre. À l'échelle de l'économie globale actuelle, les migrations (même celles qui proviennent des pays en développement très peuplés) sont incomparablement plus faibles que celles qui ont existé au cours du XIXe siècle. Comparer les trajectoires d'intégration des États-Unis et de l'Europe, d'autre part, n'a pas de sens si l'on oublie que 1,5 % seulement des Européens vivent dans un autre pays que celui de leur naissance et que l'élasticité de la migration par rapport aux différences de salaire entre régions est 25 fois plus élevée aux États-Unis qu'en Grande-Bretagne (Martin, 1999) !

Sur le fond de ces mobilités différentielles et de leurs entrelacs complexes, la question des échelles géographiques et institutionnelles pertinentes est évidemment cruciale. L'État-nation est, au premier chef, sur la sellette, « trop grand pour les petits problèmes, trop petit pour les grands problèmes », selon l'aphorisme classique de D. Bell, et surtout déstabilisé par la montée d'une économie qui est de moins en moins internationale (au sens où elle relierait des plaques nationales plus ou moins homogènes et spécialisées) et de plus en plus transnationale. Les villes-métropoles et les réseaux qui les relient entre elles sont tentés de jouer leurs propres cartes. Et les régions les plus riches, lasses des transferts imposés par les cadres étatiques nationaux, se projettent volontiers dans la perspective d'une « Europe des régions » marginalisant les États et leurs capitales. Là encore, ce brouillage des échelles, qui découle directement des nouvelles logiques économiques, plus encore que politiques, charrie son lot d'ambiguïtés et d'illusions. Certes, dans la régionalisation du monde qui se dessine tant à l'Ouest, en Amérique du Nord et du Sud, qu'à l'Est, la construction européenne est l'impératif premier – et on peut regretter qu'elle capte moins d'énergie et d'utopie que certains replis passéistes et localistes. Certes, d'un autre côté, le développement économique décentralisé, au plus près des spécificités locales, est à la fois une réalité et une nécessité. Mais il ne faut pas oublier ceci : ni l'Europe, ni le local n'offrent aujourd'hui les formes de régulation assurées par les États nationaux : un véritable espace de débat et d'expression pour les grands compromis sociaux ; une machinerie administrative capable de faire contrepoids au pouvoir des multinationales ; une fiscalité permettant la solidarité entre les espaces les plus riches et les espaces en déclin. Faire jouer ces niveaux les uns contre les autres n'a donc guère de sens. Si nous voulons une mondialisation civilisée, nous avons besoin à la fois de plus d'Europe, de régions réaffirmées, mais aussi d'un État-nation modernisé et revitalisé.

Le livre est organisé en quatre grandes séquences. Une première partie (*chapitres 1 à 4*) dresse un tableau synthétique des mutations économiques-territoriales françaises : les « trente glorieuses », les années quatre-vingt, les années quatre-vingt-dix. Une deuxième partie instruit le dossier de la « mondialisation », en relation avec les changements intervenus dans les entreprises et les implications macroterritoriales de ces changements (*chapitres 5 à 9*). La troisième séquence introduit plus directement le jeu des acteurs : firmes, territoires, institutions (*chapitres 10 et 11*). On termine enfin par une réflexion plus générale sur les grands niveaux politiques : l'Europe, la région, l'État-nation (*chapitres 12 et 13*).

1
Le poids du passé : la France taylorienne

On ne peut pas comprendre la France d'aujourd'hui si on ne part pas du profond remodelage que le pays a connu durant les « trente glorieuses » : à la fois achèvement d'une véritable unification économique, au détriment des économies régionales anciennes, et création d'un espace puissamment hiérarchisé, à l'image de la coupure taylorienne se produisant dans les entreprises, entre ceux qui pensent et ceux qui exécutent.

La croissance industrielle, jusqu'à la seconde guerre mondiale, avait surtout été synonyme de polarisation : concentration de l'industrie lourde liée à la géographie de l'énergie et des matières premières, concentration dans les grandes zones urbaines qui sont le berceau des industries nouvelles : électricité, automobile, électronique. Durant les « trente glorieuses », la croissance de l'emploi industriel et de la salarisation s'étend à de larges parties du territoire et bouleverse en profondeur la vieille France artisanale et rurale. On parle de « décentralisation », mais il s'agit en fait d'une déconcentration de l'emploi peu ou moyennement qualifié, accompagné d'une rigoureuse division des tâches entre les zones de direction, de décision, de conception des produits et des procédés, et les zones d'exécution. Le « taylorisme », et toutes ces méthodes nouvelles de production que les « missions de productivité » organisées par le plan aux États-Unis rapatrient avec enthousiasme après la guerre, bouleversent l'organisation des firmes. Des milliers d'ingénieurs et de techniciens sont payés pour rendre le travail toujours plus élémentaire. Or ce taylorisme s'inscrit aussi profondément dans la géographie. La part de l'emploi industriel chute dans les grands centres urbains, en particulier en Île-de-France, mais ces centres restent plus que jamais des pôles de commandement de l'industrie, les lieux de concentration de ses cols blancs. Les usines, en revanche, poussent comme des champignons après l'orage sur les zones industrielles des petites villes de l'Ouest ou du Centre. Le stock principal de ressources n'est plus celui des matières premières, du charbon ou de l'énergie hydraulique : c'est celui de la main-d'œuvre jeune qui est libérée par la modernisation accélérée de l'agriculture et qui, après une phase de recours intensif à l'immigration (de 1955 à 1962, *grosso modo*), devient le véritable moteur de la croissance. En 1975, un ouvrier sur deux a moins de 35 ans. Un ouvrier sur trois seulement est issu d'une famille ouvrière.

Les « trente glorieuses » marquent un bond en avant extraordinaire des revenus des Français. En 1950, la consommation d'un Français moyen équivalait à peu près *au tiers* de celle d'un Américain moyen. Trente ans plus tard, elle est équivalente. Mais le prix à payer a été cette taylorisation, à la fois plus tardive et plus radicale que dans les pays voisins. L'Allemagne, par exemple, n'a jamais connu dans ses grandes industries le même degré de polarisation des qualifications – et des salaires – que la France. La géographie et l'organisation de la production se sont renforcées mutuellement. Les firmes ont mécanisé leur production à outrance pour pouvoir utiliser un personnel sans expérience industrielle (notons au passage que, à cet égard, ce sont les jeunes femmes qui ont fait les frais de la taylorisation la plus dure : elles étaient encore près de 20 % à travailler à la chaîne en 1978, contre moins de 5 % des ouvriers masculins). Inversement, l'existence de cette main-d'œuvre, acceptant des conditions dures parce qu'elles étaient compensées par une incontestable élévation du niveau de vie, a poussé les firmes à développer des schémas d'organisation où le travail en atelier était particulièrement dévalorisé.

Bien entendu, l'histoire économique et le mouvement géographique de la France des années cinquante et quatre-vingt ne se résument pas à ce schéma de « déconcentration-taylorisation ». Le Midi reste ainsi assez largement à l'écart de ces processus. Certaines branches continuent à se développer dans les pôles urbains avec une main-d'œuvre qualifiée : c'est le cas notamment des industries technologiques liées aux grands programmes (nucléaire, aéronautique, électronique militaire). Les services commencent à se développer fortement, et masquent en partie la brutalité de la division du travail industriel. Mais celle-ci est, de loin, le processus dominant, et donne le ton de l'époque. Il y avait en 1955 environ 5,5 millions d'emplois industriels. En vingt ans, 1,6 million d'emplois nouveaux sont créés dans les branches en expansion, dont près d'un million dans l'automobile, les industries électriques et électroniques et la mécanique, qui illustrent parfaitement la bipolarisation entre les cols blancs parisiens et les ateliers provinciaux. Un seul exemple : de 1960 à 1977, les effectifs des industries de la téléphonie passent de 20 000 à 73 300 salariés. On parle de « vocation électronique de la Bretagne », car les usines se multiplient dans l'Ouest (mais aussi dans le Centre, dans le Jura, en Alsace). La part de la province passe de 11 % à plus de 50 % des effectifs. Mais, malgré Lannion et Rennes, 70 % des ingénieurs et techniciens travaillent, en 1980, en Île-de-France, alors que 89 % des ouvriers spécialisés sont provinciaux !

L'État et la Datar en particulier accompagnent cette logique de fond. Les mécanismes comme l'agrément obligatoire pour toute extension de locaux en région parisienne poussent les PME de la mécanique à se joindre au mouvement, que les grands groupes de l'automobile et de l'électronique engagent spontanément. Du reste, ce mouvement est cohérent avec les grandes options de l'action étatique : soutien au compromis social inflationniste, facilitant la mutation agricole et commerciale ; économie de financements administrés, permettant le développement des grands groupes ; financement public massif du logement et des équipements. Il serait stupide de reprocher à la politique d'aménagement du territoire ces orientations, qui ont permis d'infléchir sensiblement la géographie des flux d'investissements, en les dirigeant notamment vers la reconversion des zones d'industrie ancienne. Mais la dominante taylorienne de ces années de croissance continuera longtemps à marquer la géographie, le fonctionnement des entreprises et les représentations du développement territorial.

• En France, contrairement à ce qui s'est passé en Italie, une grande partie des réseaux locaux de PME ont été absorbés et laminés par le modèle dominant de la production de masse. Il y a des survivants, bien sûr : le Choletais, Oyonnax, la vallée de l'Arve, et d'autres, toujours cités. Mais la France, c'est un lieu commun, manque de ce tissu de grosses PME qui font la force de l'Allemagne du Sud, de la Suisse ou de l'Italie centrale.

• L'image dominante du développement est celle du développement exogène, celle de l'investisseur extérieur qu'il s'agit d'attirer et de retenir. Combien de fois s'est rejoué ce scénario où la zone industrielle d'une ville moyenne accueille d'abord, dans les années cinquante, des firmes régionales, qui peu à peu passent dans l'orbite de grands groupes, français ou étrangers, et où la seule cohérence économique restante, dans les années soixante-dix et quatre-vingt, est celle d'un bassin d'emploi angoissé par un avenir qui lui échappe. Les ressources manquent alors, non pas en termes d'énergie ou d'intelligence, mais en termes de *réseaux*, de contacts, de capacités d'autonomie, le jour où une restructuration décidée à Paris, à Londres ou à Turin provoque la crise.

• La logique taylorienne, dans les firmes comme dans la géographie, n'a cessé de cloisonner, découper, segmenter. Un établissement taylorien n'a pas besoin de relations d'échange complexes avec son environnement, pas plus d'ailleurs qu'avec les bureaux d'études de son propre groupe. Cela crée un handicap considérable le jour où la mutation des marchés impose des formes de compétitivité qui reposent au contraire sur l'interaction permanente entre producteurs et clients, entre bureau d'études et ateliers, entre assembleurs et fournisseurs, entre techniciens et hommes de marketing. La coupure entre ceux qui sont payés pour réfléchir et ceux qui sont payés pour exécuter n'est pas seulement socialement choquante : elle va devenir progressivement contre-productive. La société française, qui aime la hiérarchie, et qui l'exprime si bien dans sa géographie, aura un chemin particulièrement difficile à suivre pour entrer dans l'ère des organisations horizontales et des réseaux.

2
Le virage des années quatre-vingt : mutation socioéconomique, métropolisation, inégalités

Restructurations, montée du chômage, retour des cycles : chacun connaît l'ampleur des changements survenus dans les années quatre-vingt. 1,4 million d'emplois industriels sont perdus de 1974 à 1988, ramenant les effectifs globaux de l'industrie au niveau du début des années cinquante. L'emploi dans les services, en revanche, croît rapidement. Il passe de 12,3 à 14,3 millions entre 1982 et 1990. Cette croissance concerne le secteur public comme le secteur privé. Du côté public, la loi de décentralisation constitue un moteur important. L'administration locale crée à elle seule 180 000 emplois nouveaux, auxquels on peut ajouter 40 000 postes dans les organismes locaux d'action sociale. Elle occupe en 1990 deux fois plus de personnes que l'industrie automobile. 170 000 emplois sont créés dans le secteur de la formation (dont 40 000 pour la formation des adultes). Les emplois liés à la santé (public et privé) et aux soins personnels explosent : au moins 250 000 emplois nouveaux, dont 150 000 dans les établissements pour personnes âgées et pour handicapés. Les activités de loisirs, culturelles et sportives créent 100000 emplois. Enfin, le secteur champion est celui des services aux entreprises: 300000 emplois nouveaux dans le conseil et l'expertise, 210000 dans les services logistiques, le nettoyage, etc. Si on agrège les services liés à la santé, à l'enseignement, à la culture et les services aux entreprises, on arrive à un *quart* environ de l'emploi total (contre 4,6 % en 1936, pour le même ensemble).

Malgré la crise qui les frappe en priorité, la place des femmes ne cesse de s'affirmer sur le marché du travail. La croissance des emplois de la décennie quatre-vingt leur est presque entièrement imputable. En 1990, 80 % des femmes entre 25 et 29 ans ont une activité professionnelle. Et elles travaillent désormais à près de 80 % dans le tertiaire.

La sociologie du salariat se transforme considérablement. En 1990, les salariés se répartissaient en trois grandes masses à peu près égales: les ouvriers, les employés, les cadres. De 1982 à 1992, 800000 emplois de cadres sont créés dans les entreprises, soit l'équivalent du solde global de l'emploi durant cette période.

Cette montée des services exprime, bien sûr, des évolutions importantes dans les modes de vie. Mais aussi des différences dans la répartition des gains de productivité. Les usines, les ateliers ont été soumis à une formidable rationalisation dans les années soixante-dix et quatre-vingt, alors que le tertiaire a été beaucoup plus épargné, y compris au sein de l'industrie. Globalement, durant les années quatre-vingt, l'économie française a connu à la fois une croissance plus faible que l'ensemble des sept pays les plus industrialisés (2,1 % par an, contre 2,7 %) et une augmentation plus rapide de la productivité (2 % contre 1,6 % en moyenne et 1 % aux États-Unis). La France, ainsi, illustre de manière particulièrement nette le « mal européen », c'est-à-dire la croissance pauvre en emplois. Le livre blanc de J. Delors rappelle qu'en vingt ans, le volume des richesses produites dans la Communauté s'est accru de 80 %, et l'emploi seulement de 9 %.

Les stratégies et les organisations des firmes sont en plein changement. L'internationalisation accélérée et le changement technique remodèlent les conditions de la concurrence. Celle-ci ne concerne plus seulement les coûts, mais se complexifie considérablement autour de critères comme la qualité, la variété, la réactivité. Tout cela agit comme une onde de choc sur les organisations rigidifiées du taylorisme. Ces organisations ont d'abord été rejetées par les salariés eux-mêmes, en particulier par ces jeunes embauchés massivement dans les années soixante, plus scolarisés et plus demandeurs d'autonomie que leurs aînés. À la fin des années quatre-vingt, vingt années après Mai 68, ce sont les dirigeants industriels eux-mêmes qui les dénoncent comme contre-productives, et tentent de mettre en place, avec plus ou moins de succès, de nouvelles organisations plus « qualifiantes », donnant plus de place à l'autonomie et à l'implication des salariés. Le livre d'A. Riboud *Modernisation, mode d'emploi*, publié en 1987, est emblématique de ce changement.

C'est la face positive d'une évolution dont on connaît surtout les aspects négatifs : le chômage, la multiplication des emplois précaires. L'ironie de la démographie est, du reste, que la génération du baby-boom qui a vieilli sur place dans l'industrie (les moyennes d'âge sont très élevées dans les usines françaises) freine en quelque sorte l'accès des jeunes générations qui pourraient investir leur énergie et leur créativité dans cette mutation organisationnelle.

Sur ce fond, de nouvelles tendances *géographiques* émergent. Elles sont, dans l'ensemble, inquiétantes.

La première tendance est le *resserrement de la croissance autour des grandes zones métropolitaines*, et de la région-capitale en premier lieu. Le recensement de 1990 révèle l'ampleur du phénomène. De 1982 à 1990, la région parisienne, les villes de Rhône-Alpes, la façade méditerranéenne de Nice à Montpellier concentrent les *deux tiers* de l'augmentation de la population. L'agglomération parisienne, qui étend de plus en plus son influence aux départements limitrophes de l'Île-de-France, accueille un surplus d'emplois qui équivaut à peu près à la moitié du surplus national. Les projections d'Hervé Le Bras à l'Ined montrent que l'Île-de-France, qui accueillait 16 % des Français en 1936, pourrait en compter plus de 20 % en 2015.

Cette nouvelle polarisation est d'autant plus remarquable qu'elle ne résulte pas de causes simples. Par exemple, elle ne procède pas d'une évolution importante des déplacements de population. En fait, avec la crise, les Français ont en moyenne moins bougé durant les années quatre-vingt que durant les années soixante-dix. L'Île-de-France agit, il est vrai, comme une formidable pompe aspirante et refoulante. Elle attire un fort surplus de jeunes, et laisse partir beaucoup de retraités – alors que Midi-Pyrénées, par exemple, gagne des habitants à tous les âges, sauf dans la tranche 20-25 ans. La croissance des grandes villes, et de Paris en premier lieu, ne résulte pas non plus d'une surconcentration des fonctions tertiaires résultant d'un approfondissement de la polarisation taylorienne. Au contraire, secteur par secteur, l'écart des qualifications entre Paris et la province s'atténue ! Mais il se trouve que les secteurs les plus créateurs d'emplois sont surreprésentés en Île-de-France.

La montée démographique et économique du Midi s'inscrit aussi dans ce contexte. La croissance y concerne surtout les pôles urbains. Certains ont pu parler de « France inverse » (R. Uhrich) à propos de cette croissance du Midi aquitain et méditerranéen, qui est en tête pour les taux de croissance de l'emploi (mais aussi pour le chômage), et pour les flux de création d'entreprises. Mais l'expression est excessive. Car ce rattrapage du Sud correspond autant – voire plus – à une intégration dans une économie française centralisée qu'à un développement autonome. Une large partie de l'économie de haute technologie du Sud ressemble davantage à des îlots parisiens délocalisés qu'à des foyers de croissance en prise réelle avec leur environnement.

La deuxième grande tendance est la *montée* – il faudrait dire : *la remontée – des inégalités territoriales*. Pendant les années de croissance forte, les inégalités géographiques de salaires ou de revenus s'étaient fortement contractées, de même que les inégalités mesurées en termes de PIB par habitant. Or l'éventail a recommencé à s'ouvrir dans les années quatre-vingt. De 1988 à 1993, le revenu fiscal moyen par ménage parisien a crû de 12 %, alors qu'il diminuait dans les trente départements les plus pauvres. La corrélation avec l'évolution de l'emploi est réelle, mais pas absolue. Ainsi, le Midi méditerranéen, qui connaît les taux de croissance les plus élevés en emplois, voit ses revenus stagner. Un autre phénomène frappant est que ces divergences interdépartementales ou régionales se retrouvent à l'échelle fine des agglomérations elles-mêmes. Les travaux de L. Davezies et P. Beckouche montrent clairement que les écarts de revenus des ménages entre communes riches et communes pauvres s'accentuent notablement – et ceci de manière extraordinairement semblable à Paris, Lyon, Lille ou Marseille. Ils sont en revanche plus stables dans les villes de l'Ouest de la France, qui ont connu des mutations structurelles moins vives.

Métropolisation, montée des inégalités : le phénomène n'est pas propre à la France. Tous les grands pays industriels le connaissent. Le Japon, qui bénéficiait d'une structure urbaine multipolaire, connaît une extraordinaire concentration autour du super-pôle de Tôkyô. L'Angleterre du Sud-Est absorbe une part énorme du dynamisme britannique. L'Allemagne elle-même, pays multipolaire par excellence, voit sa croissance se concentrer autour des grands pôles. Les inégalités entre États aux États-Unis ont recommencé à croître, après une longue convergence, sur fond d'ouverture de l'éventail des inégalités sociales : de 1977 à 1992, le revenu du cinquième le plus pauvre des familles américaines a baissé de 7 %, alors que celui du cinquième le plus riche a crû de 15 %. En Europe, l'éventail des inégalités régionales est beaucoup plus ouvert qu'aux États-Unis, où le brassage migratoire des populations entraîne une homogénéité moyenne des revenus par État qui n'existe pas en Europe. Or ces inégalités, qui s'étaient fortement atténuées depuis les années cinquante, ont recommencé à croître. Et il suffit de voyager un peu pour voir que les villes européennes apprennent petit à petit (s'habituent ?) à voir coexister les zones de la plus insolente prospérité et les zones de délaissement et de pauvreté, contraste qu'on croyait réservé aux villes américaines ou aux villes du tiers-monde.

3
Les années quatre-vingt-dix : la croissance revient, la métropolisation et les inégalités demeurent

Les années quatre-vingt-dix ont connu à la fois une très forte récession (1992-1996) et un retour remarquable de la croissance. La grande rupture se produit durant les quatre dernières années du siècle, avec le bond en avant des créations d'emplois. 1 600 000 emplois sont créés en quatre ans, soit deux fois plus, en rythme de croissance, qu'au plus fort des années soixante. Au palmarès du siècle entier, c'est d'ailleurs l'an 2000 qui aura vu le plus fort développement : un demi-million d'emplois supplémentaires ! Ceci tient non seulement au retour de la croissance, nettement supérieure depuis 1997 à celle de l'Allemagne, et supérieure à celle de la zone euro dans son ensemble, mais aussi au fait que cette croissance est – enfin ! – sensiblement plus riche en emplois qu'au cours des décennies précédentes [1] (Pisani-Ferry, 2000).

1. Ces lignes ont été écrites durant l'été 2001, avant le retournement de conjoncture de la fin de l'année 2001. Il est bien sûr

La reprise de l'emploi a conduit à une baisse du chômage (géographiquement assez bien répartie, la dispersion des taux de chômage départementaux ayant tendance à se réduire légèrement) et à des effets plutôt positifs sur la qualité des emplois. Elle ne s'oppose pas, en revanche, à la lame de fond qui caractérise le marché du travail français au cours de la décennie, et qu'on peut caractériser par le mot clé de « flexibilité »: augmentation forte du temps partiel contraint (notamment dans le commerce); obligation pour beaucoup d'entrants sur le marché du travail d'accepter des jobs déclassés, de qualification inférieure à leur niveau de formation; multiplication des contrats à durée déterminée et de l'intérim. Les années quatre-vingt-dix auront ainsi été celles d'un fort recul, non sans réticences ni résistances, du modèle d'emploi stable et de la montée des formes atypiques, sur fond d'une coupure particulièrement prononcée entre les noyaux d'emplois protégés (dans le public en particulier) et les périphéries instables, où les jeunes sont très nombreux. Si l'on met à part les chômeurs, les contrats atypiques, les indépendants et le temps partiel, l'« emploi salarié traditionnel » ne concerne plus en France que 60 à 65 % de la population en âge de travailler (ce qui reste élevé, si on compare à la Grande-Bretagne, où le même taux est de 40 % environ). Les cadres spatiaux et temporels du travail sont de plus en plus variables. 20 % des salariés travaillent aujourd'hui à temps partiel, contre 7 % en

trop tôt pour savoir si ce retournement sera durable et profond, ou non.

1970. (De plus, 9 % ne déclarent aucun horaire habituel et 4 % des horaires variables sans régularité.) La mobilité, dans le travail et hors travail, a explosé : de 1982 à 1994, la distance parcourue chaque jour par les adultes a crû de 32 % (pour un budget-temps à peu près constant). Ce modèle de la « flexibilité » s'étend d'ailleurs à bien d'autres sphères que le travail. Les interactions sociales deviennent plus fréquentes, mais plus précaires et réversibles. En 1965, ont été enregistrés 35 000 divorces et 350 000 mariages. En 1995, on a compté 250 000 mariages et 120 000 divorces (sur tous ces points, voir de Coninck, 2001).

Les trois grandes tendances des années quatre-vingt – féminisation, tertiarisation, montée des cadres – se sont prolongées dans la décennie quatre-vingt-dix, parfois à un rythme un peu ralenti. L'agriculture s'est concentrée, professionnalisée, spécialisée : le nombre de petites et moyennes exploitations non spécialisées est passé de 760 000 en 1982 à 115 000 en 1999. La population directement active en agriculture est passée de 1,3 million en 1984 à 870 000 en 1999. Dans les espaces à dominante rurale eux-mêmes, la population paysanne est passé de 15 % à 10 % des habitants permanents, celle des retraités de 21 % à 27 %, celle des employés et cadres de 18 % à 21 %. Le monde paysan, d'autre part, ne parvient plus à assurer sa relève : il n'y a que 6 000 jeunes issus du monde agricole en âge de s'installer tous les ans (sur le monde rural, voir Hervieu, Viard, 2001). L'emploi ouvrier, de même, a régressé fortement (700 000 emplois de 1990 à 1999), y compris, ce qui est nouveau, pour les ouvriers qualifiés. Les employés, depuis 1999, sont plus nombreux que

Tableau 1 – Évolution de l'emploi en France de 1982 à 1999

	Effectifs en 1999 (milliers)	Variation annuelle 1982-1990	Variation annuelle 1990-1999
Agriculteurs	626000	–58000	–42000
Indépendants	1520000	–8000	–25000
Cadres supérieurs	3000000	+91000	+46000
Prof. intermédiaires	5300000	+82000	+93000
Employés	6600000	+47000	+82000
Ouvriers	5800000	–67000	–73000

les ouvriers. Les emplois de cadre ont continué leur vive progression, même si, pour les cadres supérieurs, la croissance a été deux fois moins rapide que dans la décennie précédente.

Les emplois qui se sont le plus fortement développés sont ceux qui ont une dimension « relationnelle » marquée : santé, enseignement, sécurité, loisirs, culture, assistance à la famille (le nombre d'assistantes maternelles et de gardes d'enfants a doublé, passant à plus de 500000). La population active compte désormais 85 femmes pour 100 hommes (79 en 1990). L'égalité complète est atteinte à Paris et dans nombre de grandes villes. Une différence marquée subsiste entre l'Ouest, où le taux d'activité des femmes de 30 à 50 ans se rapproche globalement de celui des hommes, et le Nord, l'Est et la façade méditerranéenne, où des différences plus fortes subsistent. 7,4 millions de personnes vivent seules : elles représentent un ménage sur trois, contre un sur quatre en 1990. Ce sont notamment des jeunes et des personnes âgées. À cela s'ajoute un nombre croissant de parents isolés. Mais le nombre de familles monoparentales n'a crû que de 22 % de 1990 à 1999, contre 40 % au cours de la décennie précédente. Enfin, le vieillissement de la population s'accélère. De 1990 à 1999, la population a augmenté de 1,9 million, dont 1,2 million pour les plus de 60 ans. L'opposition entre une France du Nord, plus jeune, et une France du Sud, plus âgée, persiste. Les villes, et notamment les plus grandes, sont les zones les plus jeunes : un tiers des habitants de l'agglomération parisienne sont âgés de 20 à 39 ans (un quart seulement en zone rurale).

Dans les firmes, la « révolution managériale » engagée dans les années quatre-vingt a continué, là encore centrée sur la recherche de flexibilité. Mot ambigu : car s'il signifie pour les salariés la précarisation des engagements pris par les firmes à leur égard (et souvent, de façon tacite, la baisse de leur propre engagement vis-à-vis de l'entreprise, les jeunes diplômés, en particulier, pratiquant des stratégies d'optimisation à court terme où les variables d'ancienneté et de fidélité à une entreprise sont en recul net), il renvoie d'un autre côté au développement d'organisations qui veulent promouvoir, souvent au prix d'un stress accru, la responsabilité et l'autonomie des salariés. Le modèle dominant qui émerge, à cet égard, est celui d'une firme passant des schémas hiérarchiques traditionnels à des organisations en réseau : externalisation galopante des tâches non stratégiques, réorganisation des activités en unités plus ou moins autonomes, pilotées par les résultats davantage que par les moyens, et mises en concurrence les unes avec les autres. Le travail individuel lui-même, mobile dans le temps et dans l'espace, soumis à des horaires variables ou à l'absence d'horaires, se définit de plus en plus comme une prestation globale à fournir, jugée à son résultat, et de moins en moins comme un programme détaillé à accomplir (Veltz, 2000).

Qu'en est-il, enfin, des évolutions géographiques ?

Le phénomène de métropolisation, comme dans les années quatre-vingt, continue à dominer le tableau – à une nuance importante près, qui est la domination moins unilatérale de l'Île-de-France et un certain rééquilibrage en faveur des métropoles régionales.

La polarisation croissante autour des grandes aires urbaines et l'étalement urbain se diffusant vers l'espace rural périphérique vont de pair. Ils expliquent certains paradoxes des statistiques, comme la relative bonne tenue globale de l'espace à dominante rurale. En fait, celui-ci connaît des évolutions très contrastées : d'un côté, la diagonale aride qui prend en écharpe le pays, depuis le Nord-Est jusqu'au sud du Massif central, de plus en plus clairsemée en hommes, et où l'on trouve à la fois les grandes plaines très productives et mécanisées et les zones de dépopulation continue où les agriculteurs (âgés) restent provisoirement au cœur de l'activité ; de l'autre un rural dynamique, couplé aux villes et à leur extension, qui grignote l'espace disponible de plus en plus loin des centres.

La moitié de la croissance démographique enregistrée entre 1990 et 1999 est concentrée dans onze aires urbaines (il en fallait 19 pour atteindre le même résultat entre 1982 et 1999, et 38 de 1975 à 1982). Ces aires sont, dans l'ordre : Paris, Toulouse (dont le taux de croissance est 5 fois supérieur à la moyenne), Lyon, Montpellier (6 fois le taux de croissance moyen), Nantes, Marseille-Aix, Rennes, Bordeaux, Strasbourg, Nice et Toulon (Julien, 2001). L'aire urbaine de Paris (au sens Insee : 11 millions d'habitants) reste celle qui, de loin, contribue le plus à la croissance démographique nationale (+ 315 000 habitants, devant Toulouse : + 123 000), mais son développement a été *deux fois moins rapide* qu'entre 1982 et 1990. En termes d'évolution de l'emploi, la domination parisienne est également moins marquée. L'Île-de-France, qui avait créé 300 000 emplois de 1986 à 1990 (pour un solde national de 820 000), a perdu beaucoup d'emplois durant la récession de la première moitié des années quatre-vingt-dix, confirmant l'hypothèse d'une plus grande sensibilité des aires métropolitaines aux variations de conjoncture, à cause de la place plus importante des activités branchées sur les marchés et leurs mouvements internationaux. L'Île-de-France a continué, d'autre part, de s'embourgeoiser : les emplois administratifs (secrétaires) et ouvriers non qualifiés y sont en chute libre, alors que la région concentre le tiers des cadres supérieurs du pays.

Globalement, les zones qui sortent gagnantes des années quatre-vingt-dix, tant en population qu'en emploi, sont surtout celle de l'*Ouest et du Sud-Ouest*. Elles ont notamment bénéficié d'un solde migratoire net très favorable, sur fond d'une diminution générale de la mobilité, phénomène désormais constant depuis

Tableau 2 – Quelques variations géographiques des années quatre-vingt-dix

	Île-de-France 1990-1999 (variation annuelle)	**Reste de la France**
Ingénieurs, cadres techniques d'entreprise	+4600	+7800
Techniciens	+1100	+15800
Employés administratifs d'entreprise	–12200	–7400
Employés de commerce	+2000	+12400
Employés de service aux particuliers	+7300	+22000
Ouvriers qualifiés	–14400	–10600
Ouvriers non qualifiés	–12500	–36300

Source : Aubry, 2001.

1975. Cette diminution globale de la mobilité s'explique elle-même, pour une large part, par la baisse relative d'attractivité de l'Île-de-France pour les jeunes adultes. Ces variations ne doivent toutefois pas cacher le phénomène de fond. L'Île-de-France reste une puissante pompe aspirante pour les jeunes (deux fois plus d'entrées que de départs entre 20 et 30 ans) et elle est la seule région, avec l'Alsace, à présenter un solde nettement positif dans ces tranches d'âge. L'Ouest atlantique et le Sud-Ouest, aussi dynamiques soient-ils, continuent d'enregistrer un solde négatif pour les jeunes.

S'agissant des inégalités territoriales, les années quatre-vingt-dix ont confirmé le fait qu'après un long cycle de réduction des disparités économiques, nous étions entrés dans un cycle de retour des inégalités. La « productivité » (mesurée par l'indicateur, il est vrai très discutable, du PIB par habitant) de l'Île-de-France qui dépassait la moyenne de 20 % au début des années quatre-vingt, la dépasse désormais de 30 %. La croissance de ce ratio, très forte jusqu'au milieu des années quatre-vingt-dix, semble néanmoins plafonner. D'autre part, et surtout, il faut souligner que ces écarts de production de richesse ne se retrouvent que sous une forme très amortie dans les écarts de revenus (par ménage ou par habitant). Pour cet indicateur, les écarts entre régions sont sensiblement atténués, l'Île-de-France elle-même ne percevant, en part de revenu brut national, qu'une proportion à peu près égale à celle de sa population (Davezies, 2000). Ceci s'explique par la masse considérable des transferts opérés, notamment par les mécanismes publics, en faveur des régions provinciales et au détriment de l'Île-de-France (nous reviendrons sur ce point).

On notera enfin que les inégalités de salaires sont désormais très peu liées à la géographie, contrairement à ce qui se passait dans la France d'après-guerre (ce qui, au passage, dévalue un des avantages comparatifs traditionnels des zones non métropolitaines...). Elles sont surtout liées au statut (un cadre est payé, par heure, environ 2,5 fois plus qu'un ouvrier), au sexe (l'écart homme/femme reste très marqué, de l'ordre de 20 %) et bien sûr au secteur (de 1 à 2 selon qu'on passe des services banalisés aux personnes à des secteurs tels que l'énergie, le conseil, la finance). Si on neutralise tous ces facteurs, l'effet proprement géographique est quasi nul, sauf pour l'Île-de-France, qui bénéficie d'un petit bonus de 10 %, probablement annulé, voire négatif, si l'on raisonne en pouvoir d'achat (Rasolofoarison, 2000).

4
Territoire pyramidal, territoire en réseau

De la rapide fresque précédente, que retenir ? D'abord, que la tendance spontanée n'est pas à l'équilibre du territoire. Le dynamisme va au dynamisme. Les investissements qui font la croissance vont désormais vers les zones métropolitaines les plus riches – et non plus, comme dans la période des « trente glorieuses », vers les zones offrant des ressources en main-d'œuvre abondantes, peu qualifiées et peu chères. Les conditions de salaires étant désormais égalisées, les avantages des métropoles – externalités diverses sur lesquelles nous reviendrons ; accès à de vastes réservoirs de main-d'œuvre et de services ; limitation des risques en cas de difficultés – jouent à plein, malgré les coûts de la congestion. Et, dans une économie fondée sur l'innovation, la qualité de la main-d'œuvre compte plus que sa quantité. Au-delà de ce constat général, qui signale un véritable changement d'époque, les représentations que nous avons du « territoire » sont mises en question. Notons quatre tendances et quelques leçons.

Première tendance: le territoire est toujours plus difficile à représenter par des macrodifférences, comme celles qui opposent les grandes régions entre elles. Statistiquement, les profils économiques des régions se rapprochent de plus en plus. On est loin des spécialités régionales, alimentaires et industrielles, qui faisaient, au début du siècle, le charme du *Tour de France par deux enfants*. L'Île-de-France et les métropoles se détachent moins par un profil sectoriel particulier que par le niveau et la qualification des emplois qu'elles concentrent. Les villes se ressemblent de plus en plus: mêmes lotissements, mêmes « entrées de ville » avec grandes surfaces et publicités criardes. Mais les microdifférences sont fortes. Les indices de concentration et de spécialisation par départements diminuent, mais ils augmentent lorsqu'on analyse les évolutions à une échelle plus fine (Houdebine, 1999). On observe une sorte de « fractalisation » du territoire – en référence à ces figures géométriques qui reproduisent leur motif à toutes les échelles. Les groupes sociaux continuent de se regrouper de manière très différenciée dans l'espace. Le dynamisme démographique, même s'il obéit à de grandes tendances (comme l'attraction vers les côtes), est extrêmement différencié lorsqu'on l'analyse finement (Le Bras, 1993). La leçon à tirer de ce premier constat est qu'il faut être prudent avec les raisonnements macrogéographiques. Des exemples ponctuels de réussite d'une ville ou d'un canton ne sont pas rares dans des zones globalement en déclin. L'aménagement du territoire a besoin d'approches précises, différenciées, donc *décentralisées*. Les cartes de synthèse sont utiles, à condition de savoir qu'elles sont fausses !

La *deuxième grande tendance* est que le territoire réel est de plus en plus mal représenté par l'image pyramidale et hiérarchique que nous lui associons spontanément. Nous imaginons difficilement la géographie autrement qu'à travers le bel emboîtement des cantons, des arrondissements, des départements. Dans cette image, les effets de proximité l'emportent toujours sur les effets d'interdépendance à longue distance. C'est l'image des villes qui vivent en symbiose avec leur arrière-pays, et qui s'organisent en cascade, jusqu'à la capitale, qui elle-même monopolise les rapports avec les économies lointaines : image particulièrement prégnante en France, où le territoire monarchique puis jacobin s'est construit fondamentalement selon ce modèle qu'on peut qualifier d'« administratif-rural ». Or l'économie globale, les interdépendances à longue distance se mêlent désormais intimement à l'économie locale, aux effets de proximité. Les échelles se brouillent. Durant les « trente glorieuses », les processus de développement étaient de type extensif – chaque métropole et sa région, Caen et la Basse-Normandie, Lille et le Nord-Pas-de-Calais prises dans une même dynamique régionale. Ils sont aujourd'hui plus ponctuels, plus intensifs. Rien n'empêche une ville de prospérer dans une région qui décline, dès lors que cette ville est capable de s'inscrire dans un jeu de relations à grande échelle, facilité aujourd'hui par les communications modernes. Ceci joue en particulier pour les grandes villes, qui se développent de plus en plus comme *foyers de croissance autonome*, reliés en réseau avec d'autres grandes villes.

Il s'agit là, du reste, d'une tendance fondamentale de la géoéconomie moderne, qui vaut à diverses échelles : celle que j'ai proposé d'appeler « économie de l'archipel » (Veltz, 1996) et que d'autres chercheurs décrivent, en termes voisins, comme un réseau de métropoles-régions constituant les nœuds d'une économie globale transfrontières (Scott, 1997 ; Castells, 1996 ; Storper, 1997). Pensons, à l'échelle mondiale, à l'archipel des grandes places financières (S. Sassen a pu montrer comment le boom financier des années quatre-vingt a contribué simultanément, et dans une certaine mesure, solidairement, à la croissance de Londres, Tôkyô et New York). Pensons à l'archipel des grands pôles d'innovation, comme celui qui relie par un flux incessant d'hommes et de technologie la Silicon Valley aux autres pôles (New York, Israël, Stockholm, Bangalore, etc.). Pensons au caractère extrêmement localisé de la croissance en Chine, et aux cités-États (comme Dubaï ou Singapour) qui sont aujourd'hui les piliers d'un système logistique mondial et qui ont pour avantage de n'être pas alourdis par le poids d'un arrière-pays. Ces pôles fonctionnent en réseau « horizontal », court-circuitant les espaces intermédiaires qui ne sont pas sur le réseau. Le nouveau modèle de la France des métropoles apparaît, à cet égard, comme une structure originale : à la fois centralisé et maillé, encore marqué par les découpages anciens, mais fonctionnant de plus en plus comme une sorte de « métropole en réseau » à l'échelle du territoire entier – puissamment aidé en cela par l'effet TGV. Les mobilités, de plus en plus, se réalisent à l'intérieur de ce réseau (et non plus des campagnes vers les villes : du reste, les soldes migratoires des zones rurales françaises sont aujourd'hui *positifs*, le déclin démographique étant dû surtout à l'évolution naturelle, excès des décès sur les naissances). De fait, la plupart des liens géographiques, démographiques et économiques traditionnels de couplage entre les villes et leurs périphéries ont considérablement perdu en importance – qu'il s'agisse des liens alimentaires, de la rente foncière, des migrations. Ce fonctionnement en réseaux (maillés plutôt qu'arborescents), n'est évidemment pas une nouveauté dans l'histoire économique. On peut même considérer qu'il a constitué le modèle dominant, avant l'émergence et la consolidation des grands États territoriaux, obligés de mobiliser des ressources considérables pour contrôler de vastes zones continentales et pour déployer des transports terrestres ultra-coûteux, là où les réseaux anciens se bornaient à sécuriser quelques itinéraires, souvent maritimes ou fluviaux. Les exemples abondent de ce dernier type d'organisation : pensons au réseau des cités grecques de l'Antiquité, aux liens entre les villes italiennes et flamandes, via les foires de Champagne, aux réseaux transalpins et rhénans, aux villes de la Hanse. Dans l'analyse même des mécanismes de la croissance urbaine, cette dualité est omniprésente. Certains mettent l'accent sur les villes comme « lieux centraux » assurant des services de niveaux hiérarchisés dans une trame territoriale continue, d'autres sur les villes comme points de contact et de commutation articulant les espaces locaux à des sphères plus étendues. En France même, si l'on en croit la thèse défendue par l'historien E.W. Fox dans un livre fascinant et trop peu connu, les deux modèles ont longtemps coexisté, jusqu'à ce que le modèle en réseau (« atlantique » dans le cas de la France) soit définitivement marginalisé et recouvert par la construction du territoire administratif-rural, monarchique puis républicain (Fox, 1973).

La *troisième tendance* découle de la précédente : c'est le risque de décrochage des périphéries, du glissement de l'inégalité à l'exclusion. Dans l'organisation de l'espace industriel traditionnel, dans les villes ou dans les régions, les effets d'inégalité et de ségrégation étaient forts, parfois brutaux. Mais le centre-ville bourgeois avait besoin du faubourg ouvrier, comme la métropole parisienne avait besoin des usines provinciales. C'est ce *couplage* dans l'inégalité qui risque aujourd'hui de se rompre, pour laisser place au décrochage, à l'apparition des zones entières qui sont non seulement appauvries mais littéralement hors circuit par rapport aux mécanismes économiques fondamentaux, ou condamnées à des circuits parallèles. La progression de l'exclusion est sans doute le problème numéro un de la France actuelle. En 1995, l'Insee chiffrait à 3 millions le nombre de personnes vivant en France avec moins de 1 800 francs par mois. À cela s'ajoute un phénomène récent, qui est la progression des très bas salaires et des « salariés pauvres » (le nombre des salariés payés moins de 3 600 francs par mois a doublé de 1983 à 1999). Les passages épisodiques par la pauvreté sont aussi à considérer. Certains parlent de la société des 70-20-10 (70 % n'ont jamais été pauvres, 20 % le sont occasionnellement, 10 % le sont de manière chronique) (Leisering, Leibfried, 1999). Bien sûr, l'exclusion n'est pas d'abord un problème territorial. Si elle est souvent considérée comme un problème de la « ville », c'est parce que l'espace résidentiel, dans les situations d'exclusion, devient le seul facteur d'identification, accentué par la non-mobilité, l'assignation de fait à résidence. Mais l'exclusion est aussi un problème d'aménagement du territoire. Pour des raisons d'équité, évidemment. Et parce qu'il est difficile d'imaginer, à long terme, une économie et des entreprises performantes dans une société déchirée, fracturée, sans cohésion sociale et amenée à supporter des charges excessives de non-activité.

Un *quatrième aspect* de ces changements est enfin qu'il nous faut repenser les rapports entre *villes et campagnes*. Il faut se dégager des images traditionnelles où la campagne n'est que la périphérie de la ville, celle qui la nourrit et lui apporte ses bras excédentaires. L'espace rural est désormais une composante de l'espace économique global français. Comme le rappelle B. Kayser, il est très simplificateur de parler de « désertification » (Kayser, 1993). L'espace rural est étonnamment varié, et connaît des zones de dynamisme comme des zones de déclin. Et surtout, cet espace rural n'est plus un espace paysan, mais il est globalement très semblable à l'espace social urbain, à la densité près. Les ouvriers résidant dans les campagnes représentent 35 % des actifs ruraux, les agriculteurs

25 %. La société « rurale » n'est qu'une partie – souvent plus pauvre, mais pas toujours – de la société globale. « Précarité, vieillissement, éclatement: le monde rural est confronté aux mêmes problèmes que le monde urbain » (Hervieu, 1993). Ses zones de croissance sont moins celles qui procèdent d'une « renaissance rurale » que celles qui sont intégrées, parfois d'assez loin, au mouvement d'entraînement des économies urbaines. La carte du dynamisme des communes rurales est à cet égard parlante, car elle montre que le monde rural qui se défend est, *grosso modo*, celui qui est dans l'aire d'influence des métropoles. La leçon principale de ce constat est simple. C'est que les actions d'aménagement, au lieu d'opposer la ville et la campagne, devraient en resserrer les liens, en valoriser les synergies. Trop peu d'institutions, aujourd'hui, s'intéressent simultanément et transversalement aux zones denses et aux zones peu denses de notre territoire. Tout concourt, au contraire, à des prises en compte séparées. Or le lien ville-campagne est réel, mais fragile – guetté par des effets de dissociation dont j'ai parlé plus haut. Des actions transversales permettraient de mettre en lumière la solidarité des problèmes, et de valoriser les complémentarités. C'est à l'évidence l'un des enjeux majeurs de la nouvelle étape de la décentralisation qui se dessine.

5
La mondialisation : de quoi parle-t-on ?

Il n'est pas question ici de présenter une théorie développée des causes de la mutation géoéconomique qu'on vient d'esquisser. Mais il est clair qu'on ne peut en comprendre les grandes logiques qu'en sortant du cadre national. Changeons donc de focale et, avant de revenir au territoire et au développement local, faisons un rapide détour par les caractéristiques générales de ce qu'il est convenu désormais d'appeler la « mondialisation ».

La confusion qui règne autour de ce thème est grande. Car, dans le climat d'incertitude (et pour beaucoup de nos concitoyens : de perte des repères) que créent les mutations actuelles, la « mondialisation » est devenue un bouc émissaire commode, un thème-écran où se projettent toutes sortes de peurs et de fantasmes.

Or s'il est vrai que l'ouverture internationale croissante de notre économie est un phénomène de première importance, les effets de cette ouverture ne sont pas toujours ceux qu'on affiche, ni aussi radicaux qu'on le dit.

Essayons de rassembler les principales pièces du dossier.

Depuis la seconde guerre mondiale, le commerce entre les nations a augmenté de manière continue, plus rapidement que le PNB mondial, mais sans rupture de tendance notable. La levée des barrières aux échanges mises en place par les pays du Sud, avec la fin quasi générale des politiques de protection dites de « substitution aux importations », et de l'Est, avec la fin de la guerre froide, a représenté un changement radical pour ces pays, mais elle n'a pas infléchi sensiblement la tendance générale mondiale. Trois ruptures justifient en revanche l'hypothèse d'une phase nouvelle de « globalisation » (comme disent les Anglo-Saxons) ou de « mondialisation », termes qu'il conviendrait d'ailleurs de mettre au pluriel, car ils sont loin de couvrir un bloc homogène de processus (pour une bonne synthèse, voir notamment Adda, 2001).

Le premier grand changement a été celui de la globalisation financière, liée à la fois à une déréglementation générale des échanges de capitaux et aux technologies électroniques. Cette globalisation n'est pas sans précédents, puisqu'à la fin du XIXe siècle, les marchés financiers étaient au moins aussi internationalisés qu'aujourd'hui, avant de connaître un repli considérable des années vingt aux années soixante. Mais, durant cette « première globalisation », les investissements de long terme étaient prédominants. Aujourd'hui, en revanche, les flux de très court terme ont pris une importance démesurée. Par exemple, sur le marché des changes, les positions de la plupart des intervenants ne sont gardées ouvertes qu'une vingtaine de minutes ! De nombreux économistes, s'opposant à la vulgate qui veut que tout marché libre ne puisse avoir que des effets bénéfiques, considèrent d'ailleurs cette situation comme fondamentalement dangereuse, comme l'ont montré les crises financières des pays émergents en 1997 (Baldwin, Martin, 1999).

Deuxième phénomène : la globalisation de la production, appuyée sur la croissance vivement accélérée, à partir de 1985, des investissements directs à l'étranger (IDE) (on entend par investissements directs ceux qui permettent de prendre le contrôle des activités, ou du moins de peser sur leur contrôle). Ce mouvement trouve, lui aussi, un précédent dans la première globalisation de la fin du XIXe siècle, qui a vu se multiplier les investissements européens dans les infrastructures des pays émergents de l'époque (en 1914, 45 % du stock mondial d'IDE étaient britanniques, 12 % français, 18 % américains, et ces investissements se localisaient à 63 % dans les pays comme l'Argentine, l'Australie, le Canada). Après un très fort tassement – à l'exception des investissements américains en Europe dans les années soixante et soixante-dix – correspondant au repli général des économies dans leurs frontières nationales, c'est un puissant mouvement de transnationalisation de la production (au sens large) qui s'amorce dans la deuxième moitié des années quatre-vingt, et qui s'accélère dans les années quatre-vingt-dix. Là encore, la globalisation de la fin du XXe siècle entraîne des interactions nettement plus profondes que celles de la fin du XIXe siècle (Jacquet, Sachwald, 2000). Ce mouvement s'opère sous deux formes :

l'investissement net (création d'usines nouvelles, de centres logistiques ou de recherche, infrastructures ou immobilier) mais aussi et surtout les fusions-acquisitions transnationales, qui redistribuent à cadence accélérée les cartes du capitalisme mondial. Les flux passent de 50 milliards de dollars environ en 1985 à environ 400 milliards en 1997, pour atteindre 1 000 milliards en 1999, et 1 200 milliards en 2000. Le stock correspondant (investissements directs à l'étranger entrants et sortants) est passé de 10 % du PNB mondial à 21 % en 1997 (UNCTAD). Cette internationalisation de la production transforme du même coup la nature du commerce mondial, qui est de plus en plus un « commerce » interne aux firmes et à leurs réseaux. Les échanges directs entre établissements des multinationales représentent ainsi environ un tiers du commerce dit « inter-national », bien qu'il s'agisse en fait de flux internes à une entreprise. Les prix pratiqués dans ces échanges internes ne sont pas vraiment des prix de marché, mais des prix de cession internes ajustés notamment pour l'optimisation fiscale. Les échanges avec leurs fournisseurs représentent probablement un autre tiers.

Une troisième force de globalisation est plus immatérielle, mais néanmoins cruciale : c'est l'accélération des échanges d'information sur les nouveaux produits et les nouveaux procédés, se traduisant par la réduction du temps de protection des innovations et une synchronisation croissante des cycles d'apparition des nouveautés à l'échelle mondiale. Ceci transforme profondément les conditions de la concurrence, en imposant une course permanente à l'innovation et en rendant largement caduque le « cycle international de produit » tel que la décrivait R. Vernon dans les années soixante (c'est-à-dire le passage relativement lent des nouveaux produits et des nouveaux procédés, progressivement standardisés, du pays leader, à savoir les États-Unis, vers les marchés européens, puis extra-européens) (Vernon, 1966). Pour limiter les risques inhérents à cette nouvelle concurrence technologique permanente, les firmes sont aussi amenées à multiplier les alliances, c'est-à-dire les accords qui ne passent pas par des transferts de propriété et qui portent tantôt sur des débouchés commerciaux, tantôt sur le développement lui-même des produits ou des procédés. La coopération dans la compétition tisse ainsi une multitude de liens inédits et subtils entre les géants de l'économie mondiale.

Au total, la mondialisation des années quatre-vingt et quatre-vingt-dix se distingue de la multinationalisation des années soixante et soixante-dix, par une série de caractères :

– le caractère *multiforme* des canaux de l'internationalisation : les exportations, les investissements à l'étranger et les alliances se développent simultanément ;

– une géographie *multipolaire*, très différente de la « division internationale du travail » des années soixante et soixante-dix. Les États-Unis qui étaient, de loin, les premiers investisseurs à l'étranger, deviennent le premier pays d'accueil des investissements étrangers (aux deux tiers européens, en 1998-1999). Les Japonais entrent activement dans le jeu. L'Europe devient à la fois le principal exportateur de capitaux, et une des premières zones d'accueil du monde ;

– une *division* croissante entre le monde développé, quelques pays d'Asie et d'Amérique latine en forte croissance, et le reste du monde, qui est en réalité de plus en plus exclu. En 1980, les 100 pays les plus pauvres réalisaient 8 % des exportations et 9 % des importations mondiales. En 1990, ces taux sont tombés à 1,4 % et 5 %. Les investissements transnationaux vers les pays les plus pauvres sont en chute libre, alors qu'ils explosent entre les pays de la Triade (Europe, États-Unis, Asie de l'Est). Les États-Unis, l'Union européenne et le Japon ont concentré en 2000 71 % des entrées et 82 % des sorties d'IDE dans le monde. L'Afrique subsaharienne reçoit moins de 1 % des flux mondiaux. Les accords sur les matières premières des années soixante, qui assuraient un minimum de sécurité aux pays exportateurs, sont en voie d'abandon ou de démantèlement. Le Nord a de moins en moins besoin du Sud. Se dessine ce que certains appellent un « techno-apartheid » ;

– le caractère, enfin, de plus en plus *synchrone* de l'économie mondiale : les crises s'y propagent de plus en plus vite, comme les virus et les épidémies. Les avantages technologiques des pays leaders s'effritent rapidement. Les conjonctures économiques des grands pays, longtemps découplées les unes des autres, sont désormais de plus en plus interdépendantes.

La France est très fortement engagée dans ces processus. Depuis quinze ans, elle se révèle comme l'*un des pays les plus attractifs* du monde pour l'investissement étranger. En 1999, elle se situait ainsi au 3e rang des pays d'accueil pour le stock d'IDE, derrière les États-Unis et la Grande-Bretagne, avec un ratio stock

IDE/PIB de 14 %, contre 9 % en Allemagne et 21 % en Grande-Bretagne. (En 2000, l'absorption de Mannesmann par Vodafone a fait de l'Allemagne, exceptionnellement, le premier pays destinataire d'IDE en Europe.)

Les pessimistes souligneront que cela tient, en partie, à la sous-capitalisation des firmes françaises et au fait que de nombreuses PME ont été acquises par des étrangers (européens ou américains) au cours des années passées. Les optimistes diront que cela prouve que le territoire français, contrairement au discours maussade habituel sur les lourdeurs de la réglementation et de la fiscalité, reste un excellent lieu pour produire. La France est également l'un des pays qui ont le plus investi à l'étranger. Les flux se répartissent pour une petite moitié en Europe et, pour presque un tiers, aux États-Unis. Au total, la proportion des emplois (industriels) qu'on pourrait qualifier de franco-français (relevant de firmes françaises, localisés en France et travaillant pour le marché intérieur), qui était de 55 % au début des années quatre-vingt, se situe aujourd'hui entre 35 % et 40 %.

6
La mondialisation : des effets directs à relativiser

Trois idées fausses, mais courantes, méritent rectification.

Première idée fausse : la mondialisation abolit les frontières et les distances

L'analyse statistique des flux commerciaux en relation avec la géographie montre à quel point (surprenant) la proximité continue d'imposer la loi. Avec la fin de la guerre froide et des étranges découpages qu'elle avait imposés à notre monde, on peut dire que la géographie ordinaire reprend ses droits (réunification de l'Europe, constitution d'un pôle asiatique jusqu'ici très extraverti) (Jacquet, 1995). Toutefois, les frontières, y compris au sein d'ensembles régionaux fortement intégrés comme l'Europe de l'Ouest ou le NAFTA, constituent toujours des barrières invisibles très importantes, même lorsque la circulation des marchandises est totalement libre ! Il est très difficile de comparer les échanges interrégionaux au sein des pays européens et les échanges intereuropéens, car les premiers sont très mal connus et les statistiques ne livrent en général que des données internationales. Mais les études sur les flux de transport montrent que la rémanence historique de la frontière divise l'intensité des échanges franco-allemands ou franco-espagnols par un facteur d'environ 10 (par comparaison à ce qu'est cette intensité au sein des espaces nationaux). En d'autres termes, si à distance égale on échangeait autant dans l'espace européen qu'au sein de l'espace français, le trafic traversant le Rhin ou les Pyrénées serait dix fois supérieur: perspective intéressante et inquiétante, soit dit au passage, pour le développement des transports en Europe. L'existence de données commerciales pour les États de la fédération canadienne a permis de montrer que les échanges entre le Canada et les États-Unis sont environ 20 fois inférieurs aux échanges internes de ces deux pays (Mac Callum, 1995). Or, le Canada est toujours le premier partenaire commercial des États-Unis [1] ! Ceci montre à quel point les flux économiques ne sont pas directement dérivés des conditions formelles du marché, mais intègrent des effets liés aux coûts de transaction (plus faibles au sein d'un pays qu'entre deux pays) et aux sillons historiquement délimités des échanges. Leamer et Storper, dans une étude récente, montrent même que non seulement les échanges entre pays adjacents constituent toujours une part

1. Un autre travail d'Engel et Rogers (1996) sur le « coût » de la frontière États-Unis-Canada montre que celle-ci a le même effet sur les prix qu'une distance interne de 3000 kilomètres.

considérable, et *grosso modo* stable, des échanges internationaux mais que, paradoxalement, la chute très importante des coûts de communication (de toutes natures) ne semble jouer qu'un rôle mineur dans l'accroissement des échanges mondiaux. En construisant un modèle « gravitaire » des échanges entre zones (c'est-à-dire un modèle où les échanges sont proportionnels aux poids économiques et inversement proportionnels, avec une puissance déterminée, à la distance), ils notent que l'accroissement du commerce mondial s'explique économétriquement par la plus grande dispersion des poids économiques, c'est-à-dire le développement des PNB des partenaires des grands pays, plus que par l'atténuation du rôle de la distance (Leamer, Storper, 2000).

Enfin, il est évidemment essentiel de rappeler que les activités « internationalisées », c'est-à-dire relevant d'une concurrence réellement ou potentiellement internationale ne constituent qu'une des composantes du tissu des activités locales: composante généralement minoritaire par rapport à des activités reposant sur des mécanismes hors marché ou à des activités marchandes de court rayon. Nous reviendrons sur ce point essentiel.

Deuxième idée fausse: la mondialisation est d'abord un processus de standardisation

Bien entendu, on ne peut pas nier que, portés par les multinationales les plus puissantes, une certaine uniformisation des produits se diffuse. Mais la globalisation n'est pas, d'abord, l'unification des marchés. Coca-cola, McDonald's, Ikea, Microsoft existent. Mais les produits mondiaux et les enseignes mondiales restent très rares. Les modes de consommation demeurent fortement marqués par le cadre national, et même régional – parce que les goûts des consommateurs divergent, et aussi parce qu'ils sont très dépendants des structures de distribution. Dans un groupe implanté dans presque toute l'Europe comme Danone, on parle beaucoup des « produits européens ». Mais, pour l'heure, les produits restent essentiellement nationaux. L'Europe du Nord et l'Europe du Sud n'aiment pas le même chocolat. Les Allemands achètent le yaourt à l'unité, et non par packs comme les Français. Un exemple encore plus frappant est celui de la pharmacie. Voici un secteur où la recherche amont est de plus en plus mondialisée, et se focalise autour d'une dizaine de sites universitaires dans le monde, guère davantage. Mais les marchés restent extrêmement segmentés, à la fois par protectionnisme déguisé – les fameuses procédures d'autorisation de mise sur le marché mettent en jeu des circuits courts de recherche clinique, souvent régionaux – et parce que les consommations elles-mêmes restent très différenciées. Les Italiens préfèrent les injections, les Allemands les cachets, etc. Les maladies elles-mêmes restent très nationales ! Sans compter que 80 % du chiffre d'affaires de la branche se fait dans les pays développés, alors que la masse des besoins est au Sud – les maladies non solvables intéressent beaucoup moins, chacun le sait, que les maladies des riches !

Dans la grande majorité des secteurs, globalisation signifie donc capacité de prendre en compte dans une stratégie d'ensemble l'immense *diversité* du monde. Et c'est pourquoi, paradoxalement, les firmes confrontées à la mondialisation cherchent plutôt à diversifier leurs organisations, à les rendre plus souples, mieux capables de coller au terrain. Les grandes structures bureaucratiques, comme celle d'IBM au temps de sa splendeur, étaient construites pour distribuer au monde des produits américains plus ou moins standardisés. Elles étaient mal armées pour capter des besoins plus divers, pour passer d'une logique de produit à une logique de service et de résolution de problèmes. Tout l'art est donc désormais de combiner une centralisation stratégique et, dans une certaine mesure, opérationnelle – gestion intégrée des données commerciales, par exemple, ou regroupement des fournisseurs – avec une décentralisation des organisations et du commerce. Celle-ci est indispensable pour bénéficier des conditions locales les plus favorables, pour s'intégrer dans les circuits d'innovation locaux, pour rester très proche des marchés et de la distribution locale. L'externalisation, la filialisation, la mise en réseau, le développement des alliances locales sont des moyens privilégiés de ces stratégies.

Troisième idée fausse : la mondialisation explique le chômage et disqualifie les pays à hauts salaires et à forte protection sociale

L'attractivité de la France pour les investisseurs étrangers, déjà signalée, contredit à elle seule cette hypothèse défaitiste. Bien sûr, les firmes qui n'offrent que des produits standardisés, aisément substituables, et incluant des coûts élevés de main-d'œuvre, vivent plus dangereusement. Bien sûr, le monde ouvert est plus risqué pour les territoires qui n'ont à offrir que des ressources banalisées. Mais la dramatisation du discours sur les « délocalisations » est trompeuse. La concurrence des pays neufs est un phénomène de longue durée, qui n'a rien de nouveau. Et la division internationale du travail ne se résume nullement à l'opposition entre les pays du Nord à hauts salaires et les pays du Sud à bas salaires. La plupart des économistes s'inscrivent en faux par rapport à ces multiples commentateurs qui attribuent tous les malheurs nationaux au commerce international et à la compétition étrangère. Krugman, ainsi, parle joliment de *pop internationalism* (Krugman, 1998). Quatre remarques, à ce propos :

• Dans un monde où les technologies, les capitaux et les matières premières circulent rapidement, la proximité des marchés finaux redevient un facteur de localisation crucial. De nombreuses implantations asiatiques en Europe sont motivées par cette proximité. S'ajoute à cela, très souvent, la volonté de prévenir les risques de protectionnisme, d'autant plus dangereux pour les firmes que leur réseau est globalisé : nombre d'implantations japonaises en Europe dans les années quatre-vingt s'expliquent ainsi.

• Ne confondons pas la concurrence de pays d'Asie dont le niveau de vie se rapproche rapidement du nôtre avec la « concurrence du tiers-monde », commode bouc émissaire du chômage. Dans les pays les plus pauvres, répétons-le, les délocalisations sont en forte régression.

• Les importations françaises en provenance d'Extrême-Orient et d'Europe centrale et orientale ne représentent aujourd'hui qu'une faible part de nos importations (de l'ordre de 10 %). Notre commerce est, le plus souvent, excédentaire avec ces zones. Il est vrai qu'excédentaire en valeur, il peut être déficitaire en contenu d'emploi. Mais ce déficit n'est pas très élevé : 200 000 à 300 000 emplois, guère plus, d'après l'OFCE, au milieu des années quatre-vingt-dix.

• La Chine, l'Inde, l'Amérique latine sont de formidables marchés potentiels pour nos exportations, ne serait-ce qu'en matière d'équipements et d'infrastructures, qui représentent aujourd'hui des goulots d'étranglement majeurs pour ces pays.

Ajoutons enfin que l'idée d'un marché du travail mondial, où la concurrence des pays neufs pèserait directement sur les salaires dans nos pays, est une fiction. Les secteurs à bas salaires (et souvent, à salaires décroissants) sont les secteurs des services très peu internationalisés. Et les disparités des salaires n'ont pas crû principalement dans les secteurs où le commerce international est important. Ainsi, les succès des pays émergents, en Asie notamment, ne sont pas réalisés au détriment de l'Europe ou des États-Unis. Ils ont, en revanche, tiré des millions de personnes de la misère (la mortalité infantile en Corée-du-Sud était de 62 pour mille en 1965, et de 12 pour mille en 1994 ; la durée de vie a augmenté de 54 à 71 ans). On peut regretter que ces processus de développement ne soient pas plus fréquents et généralisés !

Finalement, la vraie question pour un pays comme la France est celle du *modèle de développement* que nous voulons privilégier. Si nous considérons que la compétition par les prix pour des produits banalisés, accompagnée du maintien d'organisations de type taylorien constitue la seule voie, alors, en effet, la concurrence sera dure. Mais si nous choisissons l'évolution par le haut, en privilégiant l'innovation de produit, la qualité, le niveau de service, de vastes possibilités existent. Les exemples du textile et de l'habillement, souvent cités à propos des délocalisations, le montrent. L'automatisation bien conduite, mais surtout la recherche de la qualité et de la réactivité, en contact étroit avec la distribution, permettent de maintenir et de développer des *productions en circuit court*, où la proximité est un atout essentiel. En Ariège, des entreprises lainières fonctionnent parfaitement, sans craindre la concurrence asiatique. Kenzo achète à 80 % en France. Des marques qui avaient d'abord joué à fond la carte de la délocalisation, comme Z ou Naf-Naf, ont souvent redécouvert les avantages du circuit court : répondre aux demandes en quinze jours n'est possible qu'en produisant localement. Ce qui est vrai pour l'habillement l'est, bien entendu, *a fortiori*, pour les secteurs où les coûts de main-d'œuvre jouent un rôle moins central. Et on pourrait multiplier les exemples de secteurs où nos faibles performances n'ont rien à voir avec une quelconque fatalité des contraintes, et des coûts en particulier. Si nous importons les fleurs coupées à 90 % des Pays-Bas, c'est parce que les Hollandais ont compris depuis longtemps que de tels marchés reposent sur la logistique, le service, l'innovation de produit, l'organisation commerciale.

Trois aspects, dans cette sortie de crise par le haut, jouent un rôle essentiel, et ce n'est pas un hasard si on les trouve mis en exergue dans tous les grands rapports d'orientation économique de la dernière décennie.

• Le rôle clé de la formation : nous sommes un des pays les plus avancés du monde, mais trop de jeunes sont encore mal formés. Attention au dérapage : un adolescent taïwanais a aujourd'hui deux fois plus de chances d'accéder à des études supérieures qu'un jeune britannique. La Thaïlande s'essouffle à suivre la Corée ou Taïwan, parce qu'elle n'a pas assez misé sur la formation.

• Le rôle des PME : il est central, car elles sont les mieux à même de saisir les marchés de niche centrés sur la qualité, le service et la réactivité. Elles exportent beaucoup, mais leurs réseaux à l'étranger sont beaucoup trop faibles.

• La décentralisation et la coopération décentralisée : c'est en se rapprochant du terrain, dans l'interaction fine avec des besoins spécifiques, que s'élaborent les produits et des services nouveaux pertinents, qui pourront ensuite élargir leur marché. Impressionnante serait la liste des PME apparemment enfouies dans leur province et qui sont leader européen, voire mondial, dans leur créneau. La Corrèze compte peu d'industries. Mais plusieurs d'entre elles sont leader sur les marchés internationaux.

7
Un nouvel univers concurrentiel

Si les faits qu'on vient de résumer conduisent à *relativiser*, sous un certain angle, la mondialisation – après tout, on pourrait souligner que le volume des investissements direct à l'étranger ne représente qu'environ 3 % du PNB mondial – il serait absurde d'en conclure que rien n'a vraiment changé au cours des deux dernières décennies.

Les effets *directs* et mécaniques de l'internationalisation sur l'état interne des économies (et notamment l'emploi) ne doivent pas être exagérés. Mais il est difficile de ne pas voir, dès lors qu'on observe de près ce qui se passe dans l'univers des entreprises, que les ruptures évoquées plus haut engendrent bel et bien des transformations majeures. L'éclatement des oligopoles nationaux relativement stabilisés qui existaient dans de nombreux secteurs au profit d'oligopoles mondialisés incomparablement plus instables se traduit non seulement par des réorganisations radicales des grandes firmes, mais par des effets en chaîne qui touchent l'ensemble de leurs fournisseurs. Ces mouvements façonnent de nouvelles manières de produire et d'échanger, sans parler de nouveaux styles de consommation et des nouvelles manières de concevoir la vie professionnelle, qui se diffusent en cascade loin des zones de la vie économique et sociale directement touchées par l'internationalisation. Attribuer, comme le font certains économistes (Cohen, 1997), la responsabilité principale des changements à la nouvelle « révolution scientifique et technique » me semble, d'autre part, ambigu. Cela n'est pertinent qu'à condition de souligner que cette révolution n'est pas un processus indépendant de l'internationalisation des firmes et des marchés, mais un processus *fortement imbriqué dans cette dernière*. L'explosion de l'Internet, par exemple, a été largement portée par la globalisation *déjà existante* du monde académique, d'abord, du monde économique et social ensuite.

On peut, bien sûr, discuter à l'infini de ce qu'est le périmètre réel des multinationales et des espaces de marchés internationalisés ou transnationalisés. Il est clair que des chiffres comme ceux de l'investissement direct à l'étranger minorent fortement ce périmètre, car ils ne tiennent pas compte des filiales locales, des fournisseurs quasi intégrés ou contrôlés *de facto*, de la levée des capitaux dans les pays d'implantation. Il est clair aussi que la tendance est à l'extension rapide de ce périmètre, non seulement pour les multinationales originaires des pays développés, mais pour celles qui sont basées dans les pays en développement, et qui ont multiplié leurs propres investissements étrangers nettement plus vite que les premières depuis le début des années quatre-vingt-dix (UNCTAD, 1998). Mais le point important est la chaîne des conséquences qui ont résulté du passage de la situation concurrentielle relativement tranquille des années soixante et soixante-dix (pensons, par exemple, aux rapports entre les grands groupes français de l'automobile ou de l'électronique dans cette période) à la concurrence incomparablement plus vive et plus imprévisible des années quatre-vingt et quatre-vingt-dix. On peut styliser ces conséquences en quatre points.

Le passage d'exigences de performance assez simples à des exigences de plus en plus complexes et souvent difficilement conciliables entre elles

Les grandes firmes découvrent que, dans un contexte national caractérisé par des coûts relativement élevés des facteurs, et notamment de la main-d'œuvre, il ne suffit pas d'être compétitif par les prix, mais qu'il faut *en même temps* – et c'est toute la difficulté – être compétitif pour toute une gamme d'autres performances, maladroitement appelées « hors coût », et qui deviennent vitales.

La *qualité* s'est imposée de plus en plus comme un critère absolu, et non plus relatif, une condition *sine qua non* de survie. Dans l'automobile, par exemple, le virage a été pris dès la fin des années quatre-vingt, Renault et Peugeot étant passés très près du gouffre à cause du changement de réaction de leurs clients aux problèmes de qualité. La *qualité de service* est aussi devenue un critère crucial, qui sert d'axe stratégique à de nombreuses firmes tertiaires, voire industrielles.

La *variété* des biens et des services a connu parallèlement une véritable explosion, créant un casse-tête pour les industriels, qui peinent à suivre l'imagination des hommes de marketing. Nielsen, le grand institut de sondage, a calculé qu'en moyenne cent nouvelles références alimentaires par jour sont créées. Renault, qui gérait il y a quelques années 200 coffres moteurs différents (mariage d'un modèle et d'un moteur) en gérait en 1995 près de 1 000. Dans cette course à la variété, il y a certainement des excès, des fuites en avant. Mais on ne reviendra pas à un monde de faible diversité.

La *réactivité* impose des formes de flexibilité qui viennent interférer avec celles qu'impose la variété. La fluctuation des volumes entraînée par l'ouverture des marchés est souvent imprévisible, même à court terme. Coller à ces fluctuations, concevoir, fabriquer et vendre en phase avec les cycles, et non à contre-cycle, deviennent alors des éléments cruciaux de santé économique.

Or ceci est valable aussi bien pour les marchés intérieurs, devenus beaucoup plus exigeants, que pour les marchés extérieurs, où toute stratégie axée unilatéralement sur la réduction des coûts est bien sûr vouée à l'échec face aux nouveaux concurrents.

Le déclenchement d'une course-poursuite à l'innovation et à la réduction des temps de mise sur le marché des produits ou des services nouveaux

L'industrie automobile, par exemple, a complètement réorganisé ses processus de conception pour réduire le *time to market*, deux fois plus élevé qu'au Japon, dans les années quatre-vingt. La compétition par le temps devient une forme décisive de la compétition. Ce ne sont plus les gros qui écrasent les petits, mais les rapides qui évincent les lents.

La découverte du caractère inadapté des organisations traditionnelles hiérarchiques et cloisonnées au regard des deux nécessités précédentes

Toutes les observations de terrain montrent que c'est le besoin de concilier la réduction des coûts et les exigences de différenciation qui a constitué, plus que la technologie, le véritable moteur poussant les firmes à expérimenter de nouveaux schémas organisationnels, plus décentralisés, faisant davantage appel au travail en équipe, au travail en projet, à l'implication des salariés. Pour résumer les choses de manière schématique : il est facile d'augmenter la qualité en augmentant les coûts, par exemple en multipliant les contrôles ; accroître la qualité en réduisant les coûts exige en revanche de nouvelles organisations, où l'on essaie de tendre vers des préceptes du type : « bien faire du premier coup », « responsabiliser les opérateurs », « améliorer continûment les processus ». La vogue des méthodes industrielles japonaises qui, au-delà des effets de mode, ont eu un impact réel très fort sur l'industrie européenne et américaine, s'explique directement par ce contexte.

L'expérimentation des avantages mais aussi des grandes difficultés de la globalisation

Du fait de la présence simultanée dans de nombreux pays, de la croissance en taille et en complexité des organisations, les coûts de transaction internes tendent à augmenter excessivement. Les firmes géantes sont grevées par des coûts de structure qui les mettent à la merci de concurrents locaux plus agiles et capables, de surcroît, de les copier assez vite. De là découle le vaste passage, toujours en cours d'expérimentation, des structures hiérarchiques à des structures en réseau, où la frontière entre l'intérieur et l'extérieur de la firme devient poreuse, où l'on externalise tout ce qui peut l'être pour se consacrer au « cœur de métier », où la commande hiérarchique traditionnelle s'atténue au profit d'un assemblage de contrats marchands ou quasi marchands (Veltz, 2000). L'objectif de ce passage à la forme-réseau par l'externalisation n'est pas, au premier chef, la réduction des coûts (par report sur des sous-traitants moins protégés). C'est d'abord la répartition des risques et la réduction de complexité. On contrôle plus facilement et plus sûrement les fournisseurs que les salariés. Et on simplifie considérablement le pilotage. Certains vont ainsi jusqu'à la « firme creuse », qui ne contrôle plus directement que la conception des produits : Nike, Benetton. Si Alcatel se débarrasse de ses usines, pour devenir une firme *fabless*, c'est à la fois pour simplifier la gestion et parce que la fabrication n'est plus considérée comme un avantage concurrentiel spécifique, créateur de valeur. De plus, les firmes spécialisées dans le montage électronique (comme Flextronics) sont mieux à même de gérer les variations de charge liées aux conjonctures.

Ces processus, on ne saurait trop y insister, ne restent pas cantonnés à l'univers des grandes firmes. Certes, entre le monde des PME traditionnelles – lui-même divers, et même bigarré, selon qu'il s'agit de firmes familiales anciennes, de jeunes start-up dans les domaines de haute technologie, de firmes moyennes où existe déjà une certaine technostructure – et la grande organisation, des différences très importantes subsistent. Mais les méthodes et parfois les modes nouvelles se transmettent directement des grandes firmes aux tissus très étendus de leurs fournisseurs. Et les exigences nouvelles des consommateurs imposent de nouvelles contraintes à l'ensemble des secteurs et des types d'entreprises: voir, par exemple, les effets indirects du commerce de masse sur le secteur traditionnel.

8
Services et réseaux

Chacun sait que les fonctions de traitement de l'information prennent une place croissante dans les activités économiques. On parle souvent de société « postindustrielle ». Mais ce vocabulaire est trompeur, dès lors qu'il sous-entend que l'industrie serait dépassée. En fait, il vaudrait mieux abandonner une fois pour toutes cette distinction tertiaire-industrie qui embrouille l'analyse plus qu'elle ne l'éclaire. Cela permettrait de voir que derrière cette fameuse montée des services, c'est surtout une nouvelle économie industrielle qui émerge, avec de nouvelles structures sociales – et une refonte en profondeur de l'entreprise traditionnelle.

La tertiarisation est en partie une illusion statistique, liée à l'externalisation croissante des fonctions industrielles

Une prestation d'études, ou de nettoyage, est « secondaire » lorsqu'elle est effectuée chez Usinor, « tertiaire » lorsqu'elle est confiée à l'extérieur. De plus, le tertiaire est extraordinairement divers: quoi de commun entre les grandes machines à faire circuler l'information, l'argent ou les marchandises (banques, systèmes logistiques, organisés autour d'une infrastructure coûteuse), les services intellectuels aux entreprises (réseaux de consultants hautement qualifiés) et les services personnels peu qualifiés et surtout mal payés qui ont fait le succès de la *job machine* américaine ? En réalité, il y a moins de rupture que de complémentarité entre le secteur des services et l'industrie. Nous n'entrons pas dans une société postindustrielle, mais dans une société industrielle de service :

– les produits de l'industrie sont de plus en plus des ensembles intégrés de biens et de services associés (après-vente, crédit, etc.) ;

– le développement des services internes et celui des services externes aux entreprises industrielles sont fortement corrélés, y compris géographiquement : c'est un véritable continuum qui se crée ;

– dans les secteurs en progression, le *hard* et le *soft* se soutiennent mutuellement. L'électronique, l'informatique, le multimédia illustrent cela parfaitement. Certains, comme Gershuny, prédisent même une tendance croissante à remplacer les services par du self-service appuyé sur une prolifération d'objets nouveaux, et J. Attali pousse cette idée jusqu'à faire des « objets nomades », substituts des services de santé et d'éducation, par exemple, un ressort de la croissance future ;

– l'industrie, au sens traditionnel, reste au cœur de la compétitivité des nations. Toutes les études le montrent. Les Américains, qui l'avaient un peu oublié, en ont repris conscience avec force dans les années quatre-vingt. Ne l'oublions pas à notre tour.

Il y a enfin, et c'est le plus important, une confusion entre les services (comme secteur) et le service (comme mode de relation entre acteurs). Car le phénomène de fond est la montée de la *relation de service* comme élément central de l'économie moderne, y compris dans l'industrie la plus traditionnelle (Delaunay, Gadrey, 1987 ; Gadrey, 1992). De plus en plus, les firmes s'organisent, ou tentent de s'organiser, comme un réseau interne « clients-fournisseurs ». Et la qualité du service au client devient un élément de différenciation essentiel, quel que soit le secteur. La sidérurgie, par exemple, exemple type d'industrie qui paraît « traditionnelle », s'est complètement réorganisée autour de l'idée suivante : il ne s'agit plus de vendre des tonnes d'acier, mais de proposer à des clients des « solutions-acier ». L'innovation, du même coup, se déplace de la seule innovation de procédé vers une logique de recherche-développement coopérative avec les clients (automobile, bâtiment, etc.).

La montée des services et de la relation de service est intimement liée à la mise en réseau des activités

Dans l'économie de production de masse, la grande entreprise concentrait toutes les fonctions dans une sorte de pipe-line : elle réalisait la fabrication, les études en amont, la distribution en aval. Désormais, le pipe-line allant de technologies standardisées à des usages de masse éclate. À l'amont, les canaux de relation entre la firme et les mondes de la technologie et de la science se diversifient, à travers de multiples médiations (recherche coopérative inter-firmes, relations avec la recherche publique, veille technologique).

À l'aval, la relation avec les marchés se complexifie à travers de multiples services intermédiaires, mettant en jeu des univers professionnels spécialisés. Enfin, on l'a déjà souligné, une part rapidement croissante des activités, et plus particulièrement de la fabrication, est externalisée. Dans l'automobile, par exemple, la valeur ajoutée des constructeurs est passée de 50 % à 30 % du coût total en quelques années. L'entreprise fait place à un réseau, dont la forme limite est la firme creuse. Cette forme réseau permet à la fois l'accès à des compétences spécialisées, « focalisées » à la répartition des risques. Elle réduit le poids de charges fixes pour la firme centre, et répartit sans le dire les charges indirectes de gestion, de coordination. La contrepartie est que les coûts de la flexibilité sont souvent reportés sur les maillons terminaux, les moins puissants. Dans le partenariat entre la grande firme et ses fournisseurs, la pression sur les coûts reste forte et s'accompagne d'exigences nouvelles en matière de délais, de qualité, de « service ».

Se dessinent ainsi des réseaux à géométrie variable, qui se recouvrent largement les uns les autres. Par exemple, dans l'automobile, plus la part de valeur ajoutée réalisée par les fournisseurs augmente, plus augmente la solidarité objective entre les constructeurs, qui coopèrent, indirectement et directement, en même temps qu'ils se concurrencent.

F. Butera remarque qu'une grande partie des nouvelles activités de services répond directement à ce passage à l'économie des réseaux : d'abord, parce que ces activités résultent de la *différenciation* croissante des grandes organisations traditionnelles ; symétriquement, parce que les systèmes de plus en plus éclatés ont besoin d'interfaces permettant le maintien de la cohérence et d'un certain niveau d'*intégration* (Butera, 1991). Il n'est d'ailleurs pas certain que ces emplois continuent de croître au même rythme. Car, si les années quatre-vingt ont été celles de la rationalisation des ateliers, les années quatre-vingt-dix ont connu aussi la rationalisation des bureaux et des processus tertiaires. Au sein de grandes entreprises employant beaucoup de cols blancs, sous le nom barbare de *reengineering*, la mise à plat de fonctions tertiaires, comme la prise de commande, a permis des économies drastiques, divisant souvent par 2 ou 3 les effectifs concernés. Mais la recherche d'organisations plus légères, plus flexibles, plus petites et le développement des réseaux d'activités, faisant émerger de nombreuses fonctions tertiaires et techniques spécialisées, constituent depuis le début des années quatre-vingt-dix des tendances lourdes, et qui vont le rester.

Cette émergence des réseaux a des conséquences considérables sur les structures et les modes de travail

Le premier est la diversification des structures d'activité. L'entreprise, au sens traditionnel, n'est plus, et sera de moins en moins, le seul cadre d'organisation du travail. Ses frontières sont de plus en plus floues, et les unités réelles d'activité ressemblent de plus en plus à ce que les Anglo-Saxons appellent *business process*, ou à des « réseaux de valeur ajoutée », comportant un noyau central assez stable – permettant la réalisation des économies d'échelle, et/ou la centralisation stratégique – et des périphéries multiples.

À la limite, on peut même aller jusqu'à l'élaboration de produits complexes par des réseaux ouverts et fluides de professionnels indépendants, comme dans l'exemple fascinant du logiciel « libre » Linux, développé et amélioré en permanence par les programmeurs utilisateurs.

La transformation des normes de travail va de pair avec ces changements. La définition rigoureusement standardisée des tâches ne peut plus être l'outil principal de différenciation et d'intégration du travail. Il est vrai qu'une intense production de normes et de règles, à but assuranciel, tente aujourd'hui de canaliser l'éclatement des réseaux productifs. La vague de « certification qualité » en est un signe flagrant. À côté de ces nouvelles formes de standardisation, des tendances contradictoires se manifestent : d'un côté, l'accent est mis de plus en plus sur les compétences les plus génériques des employés (techniques et non techniques). De nombreuses tâches se développent, qui sont difficilement classables dans la liste traditionnelle des métiers, parce qu'elles sont à la fois « générales » (dans les compétences mises en œuvre) et très spécifiques (par rapport à une organisation ou à une technologie donnée). D'un autre côté, des notions de *professionnalité* apparaissent comme des éléments d'identification irremplaçables dans l'entreprise, et hors de l'entreprise, où se redéveloppe une « économie de professionnels » plus ou moins indépendants. Bien entendu, tout ceci ne va pas sans risques de précarisation, d'effritement des garanties traditionnelles, et de tension entre les minorités protégées et les majorités exposées à la flexibilisation des cadres d'emploi [1]. Le Sud-Est de l'Angleterre, où l'on note un développement spectaculaire à la fois du travail à temps partiel et du travail « indépendant », illustre une voie possible, qui se traduit aussi par une forte augmentation des inégalités salariales. La question fondamentale est : comment accéder à la souplesse des réseaux sans sacrifier les solidarités sociales ? Ou encore : comment permettre aux individus d'assumer la responsabilité par rapport à leur propre devenir, en limitant l'exclusion des plus démunis et les divergences trop criantes entre ceux qui ont les ressources personnelles et relationnelles pour se diriger dans un monde de possibles toujours plus ouvert et ceux qui n'en disposent pas ? Comment sécuriser les trajectoires, lorsqu'on ne sait plus sécuriser les emplois ? (Sur ces points essentiels, voir notamment Supiot, 1999.)

---

1. Pour une analyse plus développée de ces transformations qui, au-delà des cadres organisationnels de l'entreprise, concernent en profondeur la conception du travail et l'individualité moderne, voir Veltz, 2000.

9

Le retour des économies-territoires : compétitivité par la spécialisation et surtout compétitivité par l'organisation

Il se trouve – et nous touchons là au point nodal de notre argumentation – que toutes ces évolutions qu'on vient d'esquisser ne sont pas sans rapport avec les structures territoriales. Alors que la concurrence traditionnelle et les organisations tayloriennes se satisfaisaient d'une segmentation spatiale rigide des fonctions et des emplois, laissant au territoire un rôle assez passif de pourvoyeur de ressources, la nouvelle concurrence globalisée et les nouvelles organisations tendent à redonner au territoire un rôle sensiblement plus actif.

Il y a *deux façons principales*, différentes et complémentaires, de comprendre cette nouvelle articulation. La première met l'accent sur les dynamiques de spécialisation territoriale. La seconde souligne, plus généralement, le caractère relationnel de l'économie moderne et le rôle du territoire comme fournisseur d'externalités de relation ou d'organisation.

• Divers économistes et géographes mettent l'accent sur la différence qui existe entre :

– d'un côté, des biens éprouvés et relativement standardisés, même s'ils se présentent sous des déclinaisons commerciales qui peuvent être très variées, et qui se rapprochent du statut de « commodité », c'est-à-dire de biens ou de services disponibles partout, à un prix relativement fixé et connu, élaborés à l'aide de technologies elles aussi disponibles ;

– de l'autre côté, des biens ou des services qui sont encore à l'état expérimental, non stabilisé et/ou qui s'appuient sur des connaissances non encore largement diffusées.

En reprenant les idées anciennes du « cycle international du produit » de Vernon, qui se fondait surtout sur le degré de standardisation des procédés, on peut alors considérer que, schématiquement, les biens du premier type peuvent être produits n'importe où (sous réserve bien sûr du respect des conditions logistiques de base) et de préférence là où existe une main-d'œuvre suffisamment qualifiée mais aussi suffisamment bon marché, alors que des biens du deuxième type continuent, plus que jamais, à exiger un contexte « écologique » particulier, permettant la circulation des savoirs encore informels nécessaires au développement du nouveau produit, voire de la nouvelle branche. Par conséquent, une politique intelligente de développement régional cherchera à privilégier les secteurs du second type par rapport aux secteurs en phase de « maturité » ou aux « commodités » (Storper, 2000). Cela peut bien entendu être facilement illustré par des exemples comme celui de la Silicon Valley (ou d'autres pôles technologiques), contrastant avec des exemples comme ceux des unités de production standardisées de la frontière mexicaine. Il faut d'ailleurs ajouter que cette distinction ne concerne pas nécessairement des secteurs considérés globalement, mais peut s'appliquer de manière pertinente à des segments d'activités différents d'une même industrie. Par exemple, dans la pharmacie, le segment de la recherche est très polarisé autour de grands pôles de recherche industrialo-universitaire, alors que les segments de fabrication des médicaments sont très dispersés, sans exigence territoriale spécifique. (Ces segments sont aussi de plus en plus susceptibles d'être externalisés.)

• Sans invalider ce premier schéma, qui rend compte de manière probante de phénomènes de concentra tion géographique observés dans des secteurs émergents (comme les services multimédia et Internet, par exemple) il me semble qu'on peut sensiblement *l'élargir*. En effet, les processus induits par la globalisation de la concurrence touchent peu ou prou *l'ensemble* des secteurs et des firmes – qu'il s'agisse des secteurs en émergence, ou hautement spécialisés, mais aussi des secteurs de production de masse au stade dit de maturité. Et ils ont des implications largement *transversales* à ces secteurs. La frontière entre ce qui peut être routinisé et ce qui reste non routinisé est une frontière mouvante. Elle se déplace non seulement selon le cycle d'innovation (avec, par définition, le passage du non-routinisé au routinisé), mais aussi en fonction de considérations économiques ou géopolitiques qui peuvent être variables. Ainsi, on a vu apparaître ces dernières années de nouveaux types de fournisseurs externalisés hautement flexibles (*contract manufacturers*) qui fabriquent toutes sortes de dispositifs électroniques variés pour les marques les plus diverses et qui se sont localisés dans des pays périphériques (Mexique, Brésil, Chine, Hongrie): Flextronics, déjà cité, en est un exemple. Mais rien ne dit que les firmes donneuses d'ordre considéreront durablement que les produits de ces fournisseurs spécialisés dans le manufacturing sont hors de leur « cœur stratégique ». La notion de « maturité » d'un secteur doit aussi être relativisée. Et elle est carrément trompeuse si elle sous-entend l'absence ou la faiblesse des innovations. Car un des paradoxes de la compétition globalisée est que les entreprises des secteurs traditionnels (l'automobile, les industries lourdes comme la sidérurgie, par exemple), confrontées à des marchés saturés, ne trouvent leur salut que dans d'incessantes innovations de produit.

Enfin et surtout, il faut souligner que les nouvelles exigences concurrentielles (qualité, réactivité, innovation) ont une caractéristique générale commune: elles reposent *toujours* sur des effets *relationnels* difficiles à programmer de manière stable, beaucoup plus que sur des effets traditionnels de productivité, comme ceux qui expliquent la baisse des prix. Et ceci vaut aussi bien pour les secteurs ou les segments d'activité traditionnels que pour des industries ou les segments plus jeunes aux technologies apparemment plus instables. Pour illustrer cela, il suffit de rappeler que la qualité, comme l'innovation ou la réactivité sont essentiellement le résultat d'une *coopération pertinente* entre des acteurs traditionnellement peu enclins à dialoguer (bureaux d'étude, production, commerciaux, etc.), beaucoup plus que le résultat d'une intensification ou d'une routinisation au « poste de travail ». L'organisation taylorienne tirait son efficacité de la rigueur des découpages entre fonctions de l'entreprise, entre tâches et entre métiers, et de la précision de la programmation. Mais ces principes, qui permettent de réduire les coûts en environnement stable, fonctionnent très mal au regard des nouveaux critères de performance « hors coût ».

Par exemple, pour gagner en qualité, on commence par s'attaquer aux défauts en fabrication. Mais on s'aperçoit vite que ces défauts sont plus liés à la conception des produits et des process qu'au comportement des opérateurs. De proche en proche, on comprend que la qualité est une fonction globale, et qu'elle est directement liée à la densité et à la pertinence des communications entre les acteurs de l'entreprise. Cela va de la remontée d'informations du commercial jusqu'à la communication entre les concepteurs et les exécutants, en passant par les échanges dans les équipes d'opérateurs elles-mêmes. D'où un formidable renversement: alors que le taylorisme était entièrement bâti sur un idéal de zéro-communication, la « nouvelle productivité » est directement liée à la capacité de *coopération* entre toutes les parties du système de production, depuis l'amont jusqu'au client, en passant par les services fonctionnels, les fournisseurs, etc. *L'efficacité est relationnelle.* La productivité des opérations fait place à une productivité des interfaces. Et ceci vaut non seulement pour les liens internes à la firme, mais pour les liens externes qui l'articulent à son environnement.

On peut certes identifier des secteurs très automatisés et producteurs de commodités, et qui fonctionnent comme des enclaves de haute productivité, sans liens notables autres que strictement physiques, avec leur environnement (ciment, air liquide...). Mais pour la plupart des secteurs, y compris dans les biens et les services de consommation courante et relevant de la production de masse, *l'écosystème relationnel, à la fois interne et externe, est devenu le facteur clé de performance.* Cela explique notamment l'existence de différences surprenantes de performance (y compris de performance-coût) entre des unités dont les dotations en facteurs de production (en qualité et en quantité) paraissent très voisines. Dans un cas, les relations sont denses et pertinentes : l'organisation est performante. Dans d'autres cas, l'efficacité est bridée par des défauts de communication plus ou moins visibles. En comparant très finement deux usines de téléviseurs, l'une au Japon, l'autre en France, usines très voisines par leur taille et leur technologie, J. Magaud et K. Sugita ont ainsi noté que la productivité au poste de travail était sensiblement supérieure en France, mais la productivité globale de l'usine nettement meilleure au Japon (Magaud, Sugita, 1992) !

Or, le territoire, compris comme un système social et non simplement spatial, est à l'évidence un fournisseur privilégié de ces ressources relationnelles. Bien entendu, il n'est pas le seul. L'organisation et les schémas de communication de la grande firme elle-même sont, d'une certaine manière, « en concurrence » avec les ressources territoriales. Il en va de même pour les réseaux fondés sur des solidarités familiales, ethniques, religieuses, professionnelles – réseaux qui ont toujours joué un rôle crucial dans les processus de mondialisation, depuis l'Antiquité. Toutes ces structures constituent un stock invisible de ressources que les firmes et les réseaux de firmes, volontairement ou à leur insu, mobilisent pour accroître leur compétitivité en améliorant la qualité de leurs processus coopératifs, que ce soit à travers des processus marchands ou sous des formes non marchandes. L'importance de ces ressources relationnelles est encore plus forte si, dépassant le point de vue statique, on considère le point de vue de l'évolution temporelle des ensembles productifs. Deux aspects sont à cet égard décisifs, dans le contexte de mutation permanente et d'incertitude croissante qui découle à la fois de l'évolution technique et de la globalisation des marchés : la capacité d'apprentissage et la confiance ; la capacité d'amortissement et d'absorption des chocs.

On comprend facilement pourquoi la vitesse et la pertinence des *apprentissages* constituent aujourd'hui un facteur crucial de compétitivité – qu'il s'agisse des apprentissages relatifs aux technologies, mais aussi aux règles du jeu commerciales, juridiques, financières, etc. Dans une économie changeante où domine la compétition par le temps, l'apprentissage rapide est la seule garantie de survie. Une organisation efficace n'est pas seulement qualifiée, mais qualifiante, c'est-à-dire apprenante. Elle sait utiliser les problèmes pour progresser. Elle sait capitaliser les expériences. Elle sait élever les compétences par les interactions. Ce qu'oublient de nombreuses perspectives futuristes centrées sur les techniques de communication, c'est que la matière première essentielle n'est pas ici l'information – les données qui circulent sur les réseaux – mais la connaissance, l'information mise en contexte, dotée de sens pour l'action. Or, produire et partager la connaissance suppose souvent la proximité. Les apprentissages efficaces, de plus, ne sont pas les apprentissages en boucle simple (imiter l'autre, réparer ponctuellement une erreur), mais ceux que Schön et Argyris qualifient d'« apprentissage en double boucle » (capacité de remonter aux idées générales, aux « programmes » qui structurent les actions immédiates : par exemple, ne pas simplement copier les recettes du « juste-à-temps », mais en comprendre la philosophie pour l'ajuster aux conditions locales) (Argyris, 1993). Or, ce type d'apprentissage exige une diversité des points de vue, un grand nombre de capteurs pour saisir les évolutions et une capacité à trier de manière efficace les informations surabondantes. Les milieux plus ou moins informels et les réseaux professionnels sont à cet égard beaucoup plus performants que la firme isolée, qu'elle soit grande ou, *a fortiori*, petite. C'est au regard de cette capacité d'apprentissage que l'isolement de certaines PME et de leurs dirigeants se révèle surtout problématique. Les tissus économiques et sociaux vivants permettent le partage de connaissances tacites, peu formalisées, non officielles. Une PME isolée peut apprendre vite et bien dans une sphère limitée (en fabrication, par exemple). Mais face à la mouvante complexité des marchés, des techniques, des normes, elle rencontre vite ses limites. *Le partage d'expérience est alors une force considérable, décisive.* Faire partie d'un réseau, d'un tissu dynamique permet d'« être dans le coup », de savoir ce qui n'est écrit nulle part, même dans la presse spécialisée, de connaître les réputations des fournisseurs et des clients. Faut-il aller ou non sur tel marché ? Il y a toujours le pour et le contre. Pour un chef d'entreprise, la capacité de jugement, de séparation du positif et du négatif, de pesée qualificative des risques, est fondamentale. Or, ce jugement est infiniment plus difficile pour l'entrepreneur isolé, débutant, socialement enclavé que pour l'entrepreneur bien inséré dans un milieu, fût-ce au fin fond de la France rurale. Les districts spécialisés de l'Italie du Nord et du Centre (et se développant aussi dans le Sud) tirent ainsi l'essentiel de leur compétitivité de cette capacité collective de surveillance de l'environnement, aujourd'hui mondial : les entrepreneurs y connaissent à la perfection les produits de leurs concurrents du monde entier, et ne cessent d'apprendre pour garder l'avantage.

Le territoire, bien sûr, n'est pas le seul vecteur de tels apprentissages. Les structures professionnelles, les réseaux d'échanges à base sectorielle ou technique, sont un autre vecteur fondamental. Mais chacun sait qu'en France, ces structures professionnelles – comme les sections du VDI, l'association des ingénieurs allemands, par exemple – sont plutôt faibles. Et c'est pourquoi le renforcement systématique des solidarités d'apprentissage entre PME, entre PME et groupes, entre acteurs privés et publics doit être une priorité de l'aménagement du territoire. Notons qu'un accélérateur essentiel des apprentissages est la *confiance* entre acteurs. Elle permet de valider les informations sans avoir à valider préalablement les informateurs, ce qui, dans un monde très ouvert, et notamment dans l'espace des relations internationales lointaines, constitue un gain de temps extrêmement précieux. Il ne faut donc pas s'étonner de voir réémerger dans le monde contemporain des effets économiques forts liés à des réseaux de « certification » personnelle, comme ceux qui ont toujours structuré (souvent sur des bases religieuses) le commerce au loin, depuis l'Antiquité jusqu'aux débuts du capitalisme – P. Brown souligne ainsi, par exemple, le rôle des « manichéens » sur les routes de la soie (Brown, 1997) –, ou encore comme ceux qui existaient dans l'Amérique des frontières et qui, selon Max Weber, expliquent le rôle des églises protestantes dans le développement du capitalisme américain (Weber, 1964 [1]).

La confiance mutuelle entre les acteurs est également un facteur de réduction d'incertitude et renforce ainsi le deuxième grand facteur de performance dynamique des firmes ou des réseaux de firme : la *capacité d'absorption de chocs* (technologiques, commerciaux ou, de plus en plus, environnementaux). Là encore, la mutualisation des risques qui constitue la réponse

1. Voir aussi, pour l'Europe du Moyen Âge, Lombard, 1972 ; pour l'Asie du Sud-Est et la longue durée des réseaux, D. Lombard, 1990 ; pour la période contemporaine, R. Cohen, 1997. F. Fukuyama, plus connu pour ses thèses provocantes sur la « fin de l'histoire », a également consacré un livre stimulant au rôle de la confiance dans l'économie (Fukuyama, 1997).

canonique, très ancienne, à ce problème peut être facilitée par des options organisationnelles et/ou territoriales particulières. L'externalisation et la mise en réseau des grandes firmes sont l'une de ces réponses. La mise en œuvre de formes flexibles du marché du travail et de répartition de la production entre firmes, comme celles qui existent dans les districts industriels italiens, en est une autre.

Il faut souligner enfin que les ressources relationnelles que les territoires sont susceptibles d'apporter à l'économie sont des ressources qui résultent en général de processus de long terme, qui ne peuvent se construire et se déployer que dans la *durée*. Les firmes, de plus en plus soumises à l'économie de vitesse, ne peuvent pas vivre dans la flexibilité généralisée et sous la pression sans cesse croissante du court terme sans s'appuyer également sur de telles ressources à construction lente (à commencer par les compétences technologiques elles-mêmes). Pour prendre une métaphore sportive, la compétitivité a besoin de « sucres rapides », mais aussi de « sucres lents ». Les ancrages territoriaux, qui permettent la constitution lente d'un « capital social », et qui sont liés en général à des mécanismes « publics » de constitution de ressources de longue durée, comme la formation des compétences ou les infrastructures, sont ainsi, en définitive, des ancrages temporels autant que spatiaux.

10
Entreprises et territoires : distances et alliances

Rien, dans les processus qu'on vient d'évoquer, n'est mécanique. Le grand changement est là, précisément : dans une liberté croissante des acteurs – entreprises, grandes ou petites ; sociétés locales et institutions – à l'égard des déterminismes géographiques qui, il y a peu de temps encore, pouvaient apparaître comme prégnants. Il serait facile de multiplier les exemples d'échecs surprenants, et de réussites hautement improbables, au regard des poncifs de la géographie économique. Quoi de plus « métropolitain » que la revue à strass et à plumes, type Lido ou Crazy Horse ? À Kirwiller, village minuscule du Bas-Rhin, une revue de ce type fait le plein tous les soirs, avec danseuses de Paris et de New York ! À une autre échelle, Orlando n'était il y a quelques décennies qu'un marais, éloigné de tout. La ville compte aujourd'hui autant d'habitants que Nagoya et accueille 40 millions de visiteurs par an. Le développement de la Plastic Valley autour d'Oyonnax est un déni cinglant pour les tenants des effets structurants des infrastructures. On pourrait multiplier les exemples à l'infini.

Il est donc utile, en deçà des analyses structurelles, d'examiner de plus près le jeu des *acteurs*: entreprises d'un côté, territoires de l'autre. Parlons d'abord des premières.

Bien sûr, il y a firme et firme, secteur et secteur. Un clivage essentiel oppose les firmes qui n'ont pas vraiment les moyens de leur indépendance par rapport au territoire (*grosso modo*: une grande partie des PME), tout simplement parce que la mobilité leur coûterait trop cher, et celles qui ont des ressources leur permettant de faire de leurs localisations un paramètre d'action parmi d'autres. Il y a également une gradation structurelle du rapport des diverses activités à la mobilité. C'est un critère qui n'a d'ailleurs pas la place qu'il mérite dans l'analyse économique classique (voir Giraud, 1996). À l'une des extrêmes, le financier qui joue en permanence sur les différences de change ou de cours fonctionne pour ainsi dire « hors territoire » (à ceci près que, concrètement, les activités sont regroupées dans l'archipel des grandes places financières). À l'autre extrême, le petit exploitant agricole est complètement lié à son sol. Entre les deux, le grand négociant joue sur les différences territoriales des prix des marchandises, sur les coûts et les risques associés aux transports à longue distance et sur des accès privilégiés aux informations signalant les opportunités. Cette figure, on le sait, a été centrale et fondatrice dans l'histoire du capitalisme européen, dans le développement des villes et dans l'histoire industrielle elle-même, puisque les grands marchands ont pris progressivement le contrôle des producteurs dans les systèmes de sous-traitance commanditée (*putting-out*), socles de l'industrialisation européenne. Il est logique de voir son rôle régresser au fur et à mesure que les coûts des transports baissent, que les informations circulent de manière plus fluide, que les grandes firmes manufacturières organisent elles-mêmes le négoce et que le monde se transforme (par toutes sortes de médias, dont l'Internet) en place de marché globale. L'investisseur industriel global, quant à lui, est maître de ses implantations, mais reste néanmoins, momentanément et inégalement, « scotché » au territoire par les investissements réalisés. Ces investissements pèsent plus ou moins lourd (le nomadisme de la sidérurgie ne peut égaler celui de la grande distribution) et les « coûts de sortie » d'un territoire donné sont plus ou moins élevés: coûts économiques, mais aussi sociaux et réglementaires. Même les firmes les moins portées au nomadisme sont aujourd'hui sensibles à cet aspect. Enfin, la PME insérée dans un réseau local et/ou international est liée plus fortement à son territoire, parce qu'elle y puise souvent plus directement et plus explicitement ses ressources, avec des marges de manœuvre réduites.

L'image d'un nomadisme généralisé des firmes, en face duquel les collectivités publiques n'auraient pas d'autre choix que de se livrer à une concurrence sauvage et à des surenchères en termes de fiscalités, de primes ou d'infrastructures, est donc une image absurde. Statistiquement, du reste, le tissu des firmes d'un pays ou d'un territoire est très stable.Les mouvements les plus fréquents des établissements concernent des desserrements à courte distance du type centre-ville vers banlieue. Dans la plupart des agglomérations, l'essentiel des évolutions en matière d'emploi résulte des fluctuations au sein des entreprises déjà implantées, plutôt que des départs et des arrivées nouvelles. Et le territoire n'est pas, en général, le réceptacle passif de mouvements de localisation ou de délocalisation indépendants des firmes, mais le résultat d'une coévolution complexe, d'une dialectique où les stratégies des firmes et les dynamiques territoriales se construisent plus ou moins conjointement (Zimmermann, 1998).

Cela dit, le poids croissant des grandes firmes (directement ou indirectement, à travers les PME dépendantes) et la globalisation croissante des marchés changent incontestablement la donne. Le phénomène est ambigu : certains facteurs détachent les firmes des territoires, d'autres continuent à justifier des ancrages forts.

• Le décalage global entre l'espace des grandes firmes et les territoires nationaux ou régionaux est très variable selon les pays. Il est considérable en Grande-Bretagne, et bien sûr dans les petits pays, comme les Pays-Bas. Il est moindre aux États-Unis (compte tenu de la taille considérable du marché intérieur), et relativement limité en Allemagne, où les grandes firmes ont en général une base régionale (et pas seulement nationale) marquée : Mercedes est d'abord une firme de Bade-Wurtemberg et BMW, comme son nom l'indique, une entreprise de Bavière. La France est dans une situation intermédiaire. Mais le décalage s'est fortement accru au cours des deux dernières décennies, compte tenu de l'extraversion des politiques d'investissement de nos grandes firmes et de l'attractivité déjà signalée de notre territoire pour les investisseurs étrangers. La moitié environ des emplois des firmes industrielles de la catégorie de taille 500 à 2000 est ainsi contrôlée par du capital étranger, souvent des firmes européennes dans des secteurs comme la chimie, l'électronique, la machine-outil. Globalement, les entreprises étrangères installées en France sont plus productives, plus capitalistiques, plus exportatrices et paient des salaires plus élevés que la moyenne des firmes nationales (Houdebine, Topiol-Bensaïd, 1999). Mais il faut ajouter tout de suite que ceci est vrai également pour les entreprises françaises les plus internationalisées. Une étude récente très fouillée sur la typologie des structures industrielles locales (en fonction de la densité, du poids et du type de groupes présents et de la part représentée par les PME indépendantes) montre que ces caractéristiques ne sont pas neutres du point de vue de la dynamique de l'emploi. Ainsi, les territoires dominés à la fois par des groupes étrangers et des groupes nationaux, ainsi que des territoires industriels denses traditionnels, ont connu une baisse importante de l'emploi industriel entre 1989 et 1996, alors que les structures industrielles denses dominées par des groupes régionaux (Sud-Ouest, Bretagne, par exemple) ont nettement mieux résisté (Hecquet, Lainé, 1999).

• De plus en plus, on peut considérer que les firmes – ou les « chaînes de valeur » inter-firmes – reposent sur l'articulation de trois grandes sphères d'activités: les activités centrales de conception des produits ou des services, autour du bipôle recherche-marketing; les activités « du front », en contact direct avec les clients, activités de plus en plus ramifiées, nombreuses, stratégiques; les activités de l'« arrière », centrées sur l'exploitation et la fiabilisation des grands systèmes techniques (*back-office*, infrastructures, réseaux divers) qui constituent le support invisible mais décisif aux activités de l'avant. Cette description (développée dans Veltz, 2000) s'applique aussi bien à Disneyland Paris qu'à France Télécom, à l'industrie automobile qu'à l'industrie bancaire. L'articulation entre les trois sphères peut être appelée, en prenant le mot dans un sens très large, la « logistique » – et c'est pourquoi la « logistique » constitue véritablement le cœur de l'économie des firmes.

Ces trois sphères ont des rapports différents avec le territoire. Les sphères de conception sont surtout métropolitaines, pour des raisons de marché du travail et d'« écosystème » de la création. La sphère de l'avant est, par définition, capillarisée sur le territoire, et cela de plus en plus, car il faut aller à la rencontre du client. L'exception, notable, est dans la multiplication très rapide des emplois de contact à distance, du type centres d'appel téléphoniques, activité qui a connu un boom spectaculaire au cours des années quatre-vingt-dix: 1,2 million d'emplois en Europe en 2000, avec une très forte avance pour la Grande Bretagne. (À Niort, en été, le numéro vert Inter Mutuelles Assurances emploie plus de 1 000 personnes [1]!) Quant à la sphère

1. *Le Monde*, mercredi 3 février 1999.

technique, elle est fortement liée au territoire par l'ampleur des investissements matériels qu'elle concentre, mais aussi par la sophistication croissante qu'elle exige. Car les systèmes industriels de plus en plus complexes et interconnectés sont aussi de plus en plus fragiles (rien de plus normal, par exemple, que de voir la mise en place d'une « machinerie » comme le TGV Sud-Est demander un temps de rodage). À elle seule, du reste, cette énorme densité de haute technologie imbriquée dans le territoire contredit l'image d'une économie humaine fluide (le volume du capital fixe par emploi a dépassé 1 million de francs en 1993, triplant par rapport à 1970 !). La tendance est ici, clairement, à la concentration des unités et des sites de pilotage. Dans les industries manufacturières de grande consommation, où la croissance externe et la fusion-acquisition sont la règle, des patchworks d'usines et de sites techniques en tous genres appellent, inévitablement, des formes de rationalisation. L'exemple de Danone, qui a suscité tant d'émoi en France, n'est certainement pas le dernier. Dans les industries de réseau (comme les télécommunications), les fonctions techniques peuvent désormais être gérées de manière fortement centralisée, à partir d'un point quelconque du territoire, alors même que les fonctions commerciales doivent être très proches du client. France Télécom a vécu, par exemple, cette mutation, qui s'est traduite par la « conversion » d'un nombre considérable de techniciens (dont la dispersion sur le territoire n'était plus utile, comme au temps de la construction des lignes) en commerciaux.

• Un bref zoom sur les logiques territoriales diversifiées correspondant aux grandes *fonctions* des firmes permet de compléter ce tableau.

– La réduction des effectifs des sièges sociaux et des fonctions *corporate* centralisées est une tendance absolument générale. Des exemples récents et frappants de délocalisation de ces fonctions hors de France ont d'autre part attiré l'attention sur la sensibilité de ces activités à l'environnement fiscal (voir le récent « rapport Charzat » : Charzat, 2001).

– De nouveaux regroupements s'opèrent dans le domaine de l'ingénierie et de la recherche-développement : dissociation relative entre la recherche amont, très liée aux centres de compétence universitaires et relativement découplée du système industriel, et le développement, qui se rapproche au contraire des sites de production, notamment par la mise en place de sites pilotes pour certains produits et/ou certains process ; dans les secteurs nécessitant la mise en place de projets de développement lourds pour des produits complexes, création de pôles d'ingénierie très concentrés, comme on le constate notamment dans l'automobile (le Technocentre de Renault à Guyancourt en est un excellent exemple).

– La centralisation des processus d'achat est une tendance quasi universelle, car elle constitue l'une des formes principales, voire *la* forme principale, des économies d'échelle dans les grands groupes. Or, elle a un *effet majeur* sur les structurations territoriales, en cassant, volontairement ou involontairement, les réseaux localisés de fournisseurs. Bien entendu, il y a des contre-tendances, comme le regroupement des fournisseurs induits par certains processus logistiques de juste-à-temps, ou le développement des parcs fournisseurs dans l'industrie automobile, qui rassemblent sur un même site l'assembleur et une partie des équipementiers. Mais ces arbres ne doivent pas cacher la forêt. Même dans l'automobile, ces regroupements ne concernent qu'une partie minoritaire des fournisseurs, et la tendance lourde est celle de la mise en place de réseaux d'approvisionnement très étendus (*world-sourcing*), privilégiant radicalement les critères de coût et de qualité sur ceux de la proximité. Par exemple, une usine comme celle d'Aulnay-PSA reçoit des pièces provenant de 500 sites fournisseurs, dont une petite moitié seulement se trouve en France. La sécurisation de ces flux, en termes de fiabilité temporelle, est cruciale. Ajoutons que le développement des places de marchés Internet *business to business* ne fera que renforcer cette tendance, en facilitant l'accès à un panel étendu de fournisseurs et en élevant le niveau de la concurrence entre eux.

– L'organisation de la fabrication et de la logistique, encore souvent gérée, jusqu'à présent, au niveau national, voire infranational, remonte lentement mais sûrement vers le niveau régional, voire mondial. La complexité des opérations industrielles et logistiques a limité fortement, au cours des décennies passées, les possibilités de coordonner ces opérations à de vastes échelles spatiales. Mais les progrès de la standardisation et les possibilités nouvelles des systèmes d'information permettent de faire remonter cette gestion à des niveaux plus élevés. La standardisation permet également de développer une véritable concurrence entre les sites industriels (souvent nationaux) des grands groupes, concurrence qui devient un véritable outil de gestion, par l'émulation, et qui transforme souvent les dirigeants locaux en avocats de leurs unités. Le *supply chain management* et les grandes trames logistiques deviennent les véritables colonnes vertébrales des systèmes internationalisés de production et d'échanges. Ces trames sont semi-rigides, en ce sens qu'elles sont liées à des infrastructures et à des points nodaux, mais de manière en partie réversible. Le développement de l'e-business va d'ailleurs fortement renforcer le rôle de ces trames logistiques, et il est essentiel pour les politiques de développement des territoires d'en comprendre la logique et de savoir en extraire les activités à véritable valeur ajoutée. Comme le notent Leamer et Storper (2000), le développement de l'économie Internet va certainement susciter la naissance de nouvelles chaînes reliant des sites de production routinisés (dans certains pays en développement ou dans des zones périphériques) et les grands marchés de consommation, moyennant la mise en place de nouvelles plates-formes logistiques à proximité des aires métropolitaines, où elles prolifèrent déjà.

• Même si une part croissante de nos emplois dépend de centres de décisions pour lesquels Montluçon, Colmar ou même Paris ne sont que des points lointains sur une carte, l'idée d'une économie devenue totalement volatile est donc absurde. Les entreprises, y compris les plus grandes, adhèrent aux territoires de multiples manières, même si elles n'en sont pas toujours clairement conscientes. Et la France dispose certainement, dans ce jeu, de grands atouts.

L'importance des ancrages matériels et technologiques est toujours sous-estimée. Non seulement ces infrastructures sont longues à accumuler mais elles exigent un niveau de qualification et d'organisation peu répandu aujourd'hui dans le monde. À technologie à peu près égale, on constate d'énormes différences d'efficacité. Ainsi, le rattrapage prophétisé par P.-N. Giraud des « pays à bas salaires et à capacité technologique élevée » (Chine, Inde, ex-bloc de l'Est) tarde à se manifester, à la fois en raison des lacunes des infrastructures elles-mêmes et du déficit organisationnel (sans parler des aspects juridiques et réglementaires).

La proximité des clients et des marchés, dans une période où la concurrence au sein des grands oligopoles reste très vive, est, en second lieu, un facteur décisif, qu'il existe ou non des éléments ou des risques de protectionnisme. Trouver et renouveler sans cesse des niches « proches » des clients est le ressort central de la compétitivité. Or, pour de nombreuses activités, la proximité commerciale et culturelle peut difficilement se passer de la proximité physique. Les tissus métropolitains, en particulier, sont les laboratoires où se structurent les formes de consommation, et il est vital pour les firmes d'y être présentes.

Enfin, pour les processus d'innovation, tant du côté des produits que des organisations, les firmes restent extrêmement dépendantes des mécanismes relationnels déjà évoqués plus haut: les liens entre offreurs et clients, les brassages culturels en tous genres, le partage d'informations tacites et de données confidentielles sont les ressorts d'une alchimie qui se produit *à la fois* dans les territoires et dans les réseaux plus ou moins délocalisés ou nomades. Rien de neuf, à cet égard, sous le soleil, si ce n'est l'intensité des flux qui relient en permanence les pôles des archipels innovateurs.

De tout cela, les stratèges des firmes sont (plus ou moins) conscients. La mondialisation impose d'ailleurs progressivement la renaissance au sein des firmes d'une conceptualisation de la stratégie géographique et des rapports aux territoires, alors que ces éléments étaient précédemment les résultantes de processus peu formalisés et de décisions appuyées sur des critères strictement économiques et commerciaux. Mais il faut souligner que, de manière générale, la relation des firmes aux territoires est fondamentalement *ambivalente*. Quelle que soit la perception des nécessités ou des avantages de l'ancrage territorial, les entreprises souhaitent garder les mains libres, ne pas se lier de manière trop profonde et trop irrévocable à des sociétés locales. Elles veulent bénéficier des infrastructures (physiques et sociales), des atouts logistiques et relationnels, capter les externalités, mais sans devenir otages d'un territoire, et en sauvegardant la réversibilité de leurs choix. L'impératif de mobilité (potentielle) se mêle ainsi en permanence aux impératifs d'ancrage. Les firmes ont besoin *à la fois* de flexibilité, de réactivité et de stabilité, de permanence. Les ancrages de type « paternaliste » ont toujours été le fruit de la nécessité (fixer des ouvriers là où ils étaient trop mobiles) et le restent dans certaines économies d'enclave minière, par exemple. Ils sont désormais totalement démodés dans un pays comme la France, et les stratégies territoriales gagnantes doivent en tenir compte.

11
Un développement local sans modèle ?

Trois idées condensent ce qui vient d'être dit. 1) Une trajectoire de développement local se définit à l'intersection des logiques des firmes et des dynamiques d'un « territoire », ce dernier devant être considéré comme une entité sociohistorique beaucoup plus que comme un stock de ressources géographiques. 2) Dans le contexte économique actuel, la compétitivité d'un tissu local peut reposer sur sa spécialisation, mais elle résulte surtout de sa qualité d'organisation et de sa capacité à favoriser les apprentissages collectifs. 3) Les firmes, considérées individuellement, ont des attentes contradictoires : elles veulent à la fois capter ces ressources collectives et rester libres de leurs mouvements.

Peut-on, à partir de là, définir une recette de stratégie gagnante pour un territoire ? Dans la mesure où les ressorts essentiels relèvent du jeu des acteurs – acteurs économiques, acteurs publics, et acteurs de la « société civile » qui s'exprime, avec plus ou moins de vitalité, entre le pôle public et le pôle marchand –, dans la mesure où l'histoire et la société l'emportent sur la géographie des dotations naturelles et des coûts, on comprend bien la difficulté de définir un *one best way*. Comment faire une théorie générale de ce qui, par nature, est singulier ? Comment définir les standards d'une dynamique territoriale qui est, par définition, « un mélange toujours particulier de ressources présentes et d'opportunités futures » (Scott, *op. cit.*, p. 127) ? Ceci est évidemment difficile à admettre en France, où la culture administrative et politique s'accommode mal de l'absence d'un modèle général et où la tentation est permanente de vouloir recadrer les actions les plus décentralisées, de par leur nature même, dans un moule universel !

S'en tenir à un plaidoyer pour le pragmatisme serait néanmoins paresseux. Sans donner de recettes, on peut éclairer la réflexion sous divers angles renvoyant à des problématiques concrètes de l'action locale.

Espaces des opérations, espaces des relations et infrastructures de communication

Le fonctionnement d'un tissu productif moderne repose sur une gamme d'interactions qui s'étagent entre deux extrêmes : des interactions routinisées, régulières et fondées sur des circuits de données principalement techniques, au sein de ce qu'on peut appeler l'espace des opérations, essentiel pour la « productivité » ; des interactions beaucoup plus spécifiques, qui continuent d'exiger souvent le face-à-face, et où s'échangent non plus des données mais de véritables connaissances, constituant ce que l'on peut appeler l'espace des relations, vital pour l'innovation.

L'*espace des opérations* combine l'élargissement des réseaux productifs et le rétrécissement de l'espace qu'entraînent les formidables progrès des communications. Si l'on se borne aux opérations techniques – échanges d'informations plus ou moins standardisées, échanges de produits à l'intérieur d'une grande firme ou dans un système de relations marchandes routinières –, la distance est un obstacle qui ne cesse de se réduire, de manière spectaculaire, en temps et en coût. À grande échelle, le transport maritime, avec ses porte-containers géants qui tournent de manière ininterrompue entre les grands ports mondiaux, constitue l'épine dorsale de la mondialisation : de 1970 à 1997, le trafic de containers a été multiplié par 26, et il continue à croître rapidement. Le coût du transport terrestre terminal, sur le sol américain ou européen, est en général plus élevé que le coût transocéanique. À l'échelle européenne ou à l'échelle nationale, les maillages autoroutiers, la grande vitesse ferroviaire, une offre de services de télécommunication aujourd'hui plutôt surabondante par rapport aux besoins moyens des firmes, facilitent considérablement le fonctionnement de systèmes productifs multilocalisés. Rappelons-nous, par contraste, les difficultés éprouvées par les firmes s'installant durant les « trente glorieuses » dans la France rurale, handicapées par le mauvais fonctionnement du téléphone. Parler, comme on le fait parfois, de situation périphérique pour des villes situées à quelques heures d'autoroute ou de train de Paris, ou de France périphérique par rapport à la fameuse « banane bleue » allant du Rhin au Pô, est à cet égard surprenant. Dans une zone richement dotée en infrastructures comme l'Europe de l'Ouest, le handicap de la distance pure n'existe plus vraiment. Mais ceci ne veut pas dire que l'espace physique est complètement neutralisé. Car il faut ajouter un bémol, qui est le rôle différentiel croissant des infrastructures de *premier rang*. Quand Lyon est à deux heures de Paris, Autun se rapproche de Paris en temps absolu, mais s'éloigne en temps relatif. Il faut ajouter aussi que les contraintes de synchronisation des systèmes industriels confèrent un avantage essentiel aux infrastructures les plus fiables. L'exemple de la production en flux tendus est à cet égard significatif. Contrairement au modèle japonais de Toyota City, où tous les fournisseurs sont groupés dans un étroit rayon – et qui pose aujourd'hui des problèmes de congestion – l'industrie automobile européenne fonctionne bien, techniquement parlant, avec des fournisseurs largement répartis (si on met à part des « usines avancées » comme celles de l'assemblage des sièges qui sont très proches des sites de montage). Les constructeurs préfèrent travailler avec un fournisseur situé à mille kilomètres sur une infrastructure non saturée, plutôt qu'avec un fournisseur plus proche, obligé d'emprunter des voies départementales avec des barrières de dégel. Ce type de contrainte, toutefois, joue beaucoup plus dans les pays mal équipés en infrastructures. Il explique en partie le caractère très fortement polarisé au développement actuel en Asie. La question des infrastructures devient également critique dans certaines régions dynamiques d'Europe. Par exemple, la Vénétie, qui a connu un développement particulièrement spectaculaire, bute aujourd'hui sur l'engorgement des infrastructures routières. Tout cela confirme l'importance de la « logistique », au sens large, dans le développement. Paradoxalement, les faibles densités françaises sont ici un atout. Dans la mesure où la fiabilité des délais compte plus que leur valeur absolue (notamment dans les échanges interindustriels), le problème des transports n'est qu'assez rarement un problème crucial pour les firmes isolées : de nombreux exemples le prouvent. Quant aux télécommunications, on peut s'interroger sur la pertinence de certains projets locaux ambitieux et coûteux, motivés par la crainte légitime de ne pas rater le train de la modernité, mais qui surestiment fortement les besoins locaux réels et qui, surtout, ne feront au mieux qu'anticiper de quelques années des services que le marché banal offrira bientôt de manière quasi universelle. Il convient donc d'être vigilant sur la question des infrastructures, mais aussi de renoncer à en faire l'alpha et l'oméga du développement local. Le *soft*, désormais, prime partout sur le *hard*. Ou plus exactement : le *hard* n'a d'intérêt que s'il permet une valorisation par le *soft*.

Coûts d'entrée, coûts de sortie et logiques de développement

Il n'existe pas, à ma connaissance, d'études vraiment concluantes sur l'impact réel des différents dispositifs d'aide à l'implantation des firmes (primes, aides techniques diverses, fiscalité réduite). Il est clair que, lorsque les avantages différentiels sont massifs, ils constituent un facteur d'attraction essentiel. Mais ils sont d'autant plus efficaces qu'ils s'inscrivent dans une politique globale. Par exemple, les remarquables succès irlandais, comme le développement de l'International

Financial Services Center aménagé sur les anciens docks de Dublin – centre d'opérations administratives et d'appels travaillant pour le monde entier – ne sont pas seulement dus à des plafonnements d'imposition rassurant les investisseurs (qui ne craignent rien tant que l'incertitude fiscale), mais aussi à des éléments d'appui comme l'achat de connexions Internet à grande vitesse vers le reste du monde, l'adoption d'une législation facilitant les signatures électroniques et, bien entendu, la présence d'une main-d'œuvre abondante, relativement peu coûteuse et parlant anglais (Ansidéi, 2001). Lorsque les avantages fiscaux ou les primes sont moins massifs, ils peuvent constituer le « coup de pouce » qui fera basculer une décision, mais ils sont rarement la cause primaire de celle-ci.

Le point important est toutefois que, pour les firmes, la question des coûts d'entrée sur un territoire ne peut pas être dissociée de celle des coûts de sortie (immédiats ou anticipés). Être dans un environnement stable, nourri de liens coopératifs multiples, réduit l'incertitude pour les entreprises, mais peut, au-delà d'un seuil subtil, augmenter le risque de rester prisonnier de ce réseau de liens, pour des raisons non seulement réglementaires, mais sociales ou sociopolitiques.

On peut ici se référer de manière utile à la distinction classique d'A. Hirschmann entre deux grands types de régulation (Hirschmann, 1970). La régulation de type *exit*, ou défection, est, par exemple, celle de l'émigrant : lorsque des problèmes apparaissent, on part, on « vote avec les pieds ». C'est, fondamentalement, la régulation du marché. Lorsque le consommateur n'est pas content, il change de fournisseur. Les régulations de type *voice* et *loyalty* passent au contraire par la sauvegarde des mécanismes existants et/ou leur refonte par le débat, la prise de parole, voire le conflit. Avec cet outil simple, on peut distinguer trois grands types de stratégies et de trajectoires économiques-territoriales.

Une stratégie territoriale de type *entry-exit*, pratiquée avec succès par certaines villes ou régions, est fondée avant tout sur la réduction des coûts d'entrée et surtout des coûts de sortie du territoire. Tous les efforts sont faits pour rendre la localisation la plus « liquide » possible. Les ressources mobilisées sont plutôt de type générique, mais elles peuvent devenir spécifiques et préparer d'autres stratégies. Ce type de développement est typiquement celui que l'Écosse ou l'Irlande pratique avec succès vis-à-vis des firmes électroniques, ou encore, comme on vient de l'évoquer, vis-à-vis d'activités de *back-office* administratif ou bancaire. Évidemment, les deux inconvénients majeurs de ce type de développement, qui accepte un *turn-over* important des entreprises, sont la fragilité et le risque de se laisser entraîner dans une spirale concurrentielle de surenchères avec d'autres territoires pratiquant la même politique.

À l'opposé, la stratégie de type *voice-loyalty* va chercher à maximiser les externalités relationnelles, pour compenser des coûts de sortie élevés. Elle va s'appuyer sur des régulations plus « institutionnelles », ou du moins, plus coopératives, en marge du marché pur et dur. C'est, me semble-t-il, la solution qui s'impose en France, compte tenu à la fois des législations sociales et de la très grande sensibilité sociale, encore récemment illustrée par les cas Danone et Marks & Spencer. Cette stratégie n'est pas non plus sans risques, dans la mesure où elle tendrait vers un excès de spécialisation conduisant à des effets de conformisme, de verrouillage ou d'impasse qui ont souvent conduit à leur perte des tissus très spécifiques et territorialement ancrés.

La dynamique des aires métropolitaines tire sa force du fait qu'elle *combine* les avantages des deux schémas précédents, même si, de fait, elle penche plutôt vers le modèle *exit*, en privilégiant la régulation par les marchés par rapport à la régulation institutionnelle. Le secret de la puissance métropolitaine est, me semble-t-il, dans cette double logique : à la fois un potentiel incomparable d'externalités en tous genres, d'accès aux infrastructures et aux services, de possibilités de construction de réseaux d'innovation ou d'apprentissage à géométrie variable, de « commutation » dans les chaînes d'activités et, en même temps, la garantie pour les acteurs (firmes et individus) de bénéficier d'une réversibilité de leurs choix. Développer une activité nouvelle est souvent plus facile, compte tenu du vaste marché de compétences et de services disponibles ; à l'inverse, fermer une unité en région parisienne est infiniment moins douloureux que dans une petite ville de province ! Pour les individus, réciproquement, il est plus facile de s'insérer et d'évoluer dans un grand marché du travail, surtout lorsqu'on est qualifié et spécialisé, et lorsqu'il s'agit de trouver deux emplois pour un couple. La combinaison entre le développement de la bisalarisation (ou, plus

	Territoires *entry-exit*	Territoires *voice-loyalty*	Métropoles
Avantage concurrentiel	coûts de sortie faibles	externalités relationnelles élevées	1 + 2 assurance de flexibilité à moyen terme
Ressources	stock de ressources génériques (pouvant devenir spécifiques)	matrice de ressources spécifiques (pouvant devenir génériques)	1 + 2
Régulation	concurrence, surenchères	institutions, réseaux, gouvernances	gouvernances et marchés locaux (travail, service)
Risques	fragilité, surenchères	conformisme *lock-in* et décrochage	externalités négatives (congestion)

généralement, de la biacti-vité) et l'élévation des qualifications est certainement un des moteurs essentiels de la métropolisation, surtout en France, où la taille des marché du travail qualifié diminue considérablement lorsqu'on passe de la région capitale aux autres régions.

Cela étant, il faut insister lourdement sur le fait que, si la métropole combine ainsi les atouts (d'où son développement), elle est loin de les *monopoliser* ! Du fait du développement des transports et de la mobilité, des aires mi-urbaines mi-rurales fonctionnent aujourd'hui comme des métropoles diffuses, ajoutant à la taille effective du marché du travail et des services une qualité de vie qu'on ne trouve pas dans les métropoles concentrées : c'est, par exemple, le cas d'une région comme l'Alsace. Et, dans les zones peu denses, de multiples exemples montrent que l'énergie coopérative, l'attachement au pays, et parfois le dynamisme d'un seul acteur, peuvent créer des micropôles de développement extrêmement prometteurs.

Le schéma ci-contre synthétise cette typologie, évidemment très stylisée.

Peut-on et faut-il recréer des « districts industriels » ?

Une question cruciale est celle de la spécialisation du « modèle des districts » ou des « systèmes productifs locaux » à l'italienne. On comprend bien la séduction qu'exerce ce schéma des districts spécialisés de la Troisième Italie sur de nombreux responsables, schéma qui peut apparaître comme le contre-modèle de développement centralisé (et polarisé entre centre et périphérie) des « trente glorieuses ». De fait, la référence italienne et les études menées sur les systèmes productifs localisés français ont joué un rôle très stimulant dans la réflexion sur le développement local (voir notamment les travaux de B. Ganne sur Annonay, Oyonnax, de C. Courlet sur la vallée de l'Arve, de B. Courault sur les zones du textile et de l'habillement, Roanne et Cholet [1]). Ces travaux ont à juste titre

1. Pour une bibliographie, on se reportera à Courault, Trouvé, 2000.

attiré l'attention sur le rôle des PME et des entreprises localement enracinées, rappelant que la France a été un pays de districts (il suffit de relire le *Tour de France par deux enfants*), mais que ceux-ci ont pour l'essentiel disparu, laminés à la fois par les difficultés de l'entre-deux-guerres et par le modèle de développement de l'après-guerre, dans un processus global que l'on connaît d'ailleurs assez mal et qui n'a pas fait l'objet de la synthèse historique qu'il mériterait. Aujourd'hui, force est de reconnaître que les économies locales véritablement comparables aux districts de la Troisième Italie sont en France peu nombreuses. Dans leur typologie déjà citée, Hecquet et Lainé ont dégagé un type (« structures industrielles denses en PME ») qui comprend 19 zones, dont les districts industriels habituellement cités (Cholet, Saint-Claude, Oyonnax, la vallée de l'Arve, Roanne, Thiers, le Vimeu en Picardie), mais qui ne représente au total que 5,7 % de l'emploi industriel (Hecquet, Lainé, 1999 [1]). L'appel à projets « Systèmes productifs locaux » de la Datar, en 1999 et en 2000, a fait émerger une centaine d'actions coopératives locales, d'ampleur et d'ambitions variables. C'est un signe encourageant de vitalité et une piste de politique publique qui mérite d'être poursuivie et approfondie. Mais il serait dangereux d'axer la politique d'aménagement du territoire sur ce seul modèle de spécialisation, danger que les auteurs déjà cités sont

1. Les auteurs signalent qu'échappent à cette classification des microdistricts inclus dans les villes (comme le Sentier). En Italie, Sforzi a compté 161 « systèmes locaux d'industrie légère », parmi lesquels 61 districts proprement dits.

d'ailleurs parmi les premiers à souligner (voir par exemple Courault, 2000).

B. Ganne souligne combien la réduction des PME à leur inscription locale risque de piéger la réflexion (Ganne, 1999). Une proportion croissante de PME est multilocale, et on constate un développement important des microgroupes, constitués sur la base de regroupements de PME (600 en 1980, plus de 5 000 en 1995; voir Vergeau, Chabanas, 1997). Il faut rappeler également l'emprise croissante (soit directe, soit indirecte) des grands groupes sur une partie des PME et la place croissante du capital étranger dans le contrôle des PME moyennes. En réalité, les dichotomies traditionnelles du type: groupes nationaux/PME locales rendent de moins en moins compte d'une structure française en pleine évolution, qui mériterait un tableau d'ensemble intégrant des éléments tels que la montée d'un grand capitalisme à base familiale et en partie régionale (Lagardère, Pinault, Bolloré, Arnaud, Bouygues), le développement des groupes de PME et leur internationalisation, le développement de groupes régionaux, notamment en Bretagne et en Rhône-Alpes.

La spécialisation comme axe de politique territoriale doit être gérée avec finesse et prudence. Bien entendu, les exigences de la différenciation et les besoins de la communication et du marketing vont dans le sens d'une spécialisation croissante. Mais ces exigences et ces besoins s'adressent aux firmes avant de s'adresser aux territoires. Il ne faut pas confondre une politique d'image avec une politique de développement économique. On peut aussi relever que les districts industriels italiens et ceux qui restent actifs en France relèvent souvent d'un modèle « post-artisanal » qui est aujourd'hui partiellement menacé (Micelli, 2000). Ils sont adossés à un stock de compétences hautement spécifiques et très difficiles à reconstituer, dans la mesure où elles sont très empiriques et se transmettent largement par imitation : c'est le cas, par exemple, des chaussures de luxe (surtout féminines). Pour entrer dans des secteurs nouveaux de haute technologie, la compétition est *a priori* plus ouverte, mais les « barrières à l'entrée » sont élevées, en termes de taille critique et de visibilité. Très peu de sites, en France, pourront espérer figurer sur le *curriculum vitæ* des professionnels comme des sites reconnus et prestigieux au sein du circuit international qui constitue désormais l'espace de référence pour le marché du travail des spécialistes de la high-tech.

Les dangers de la spécialisation trop poussée, d'autre part, sont évidents. Ils rendent les territoires, surtout lorsqu'il s'agit de petites zones très focalisées, vulnérables à tous les chocs exogènes et ils accroissent le risque d'engourdissement dans la routine et le conformisme. De fait, les économies locales dynamiques en France sont le plus souvent sectoriellement diversifiées, même dans des agglomérations petites ou moyennes, la coopération entre firmes consistant autant dans le dialogue avec la puissance publique pour la mise en place de biens collectifs (formation, infrastructures, etc.) que dans la recherche de coopérations directes (voir Ganne, 1999, *op. cit.*). Lorsqu'on cherche à prendre une vue d'ensemble, on constate qu'il y a bien aujourd'hui en France des formes multiples et complexes de gouvernance économique locale, qui ne se résument nullement à la spécialisation (Aniello, Le Galès, 2001). Les métropoles, quant à elles, sont presque toujours des tissus économiques extrêmement diversifiés et tirent une partie de leurs avantages de cette diversification. Le modèle européen, à cet égard, est très différent du modèle de Los Angeles, par exemple, qui apparaît comme une mosaïque de districts spécialisés (cinéma, habillement, haute technologie), ce qui n'est pas le cas de Paris ou de Londres.

Deux arguments essentiels, enfin, devraient inspirer de la méfiance par rapport à des schémas de spécialisation trop simplistes. Les ressources de développement, en termes de compétences humaines et de savoirs, sont de plus en plus *génériques*. Par exemple, pour qu'un tissu manufacturier fonctionne bien, il a besoin de spécialistes de maintenance, mais dont les compétences sont largement horizontales par rapport aux secteurs. Ceci vaut également pour les ingénieurs de développement, les commerciaux, etc. D'autre part, les notions mêmes de secteur et de branche deviennent floues. L'interpénétration croissante des métiers est la règle. L'innovation est de plus en plus *combinatoire*, c'est-à-dire procède par croisement entre des technologies souvent très diversifiées, selon des directions *très difficiles à prévoir*. Prôner, pour telle ou telle zone, un développement axé sur une branche donnée revient donc souvent à utiliser des typologies trop grossières pour être réellement pertinentes et significatives.

Plutôt que de vouloir faire entrer le développement dans telle ou telle grille définie *a priori*, mieux vaut donc mettre en place des mécanismes d'observation et de pilotage permettant de renforcer, en cours de processus, les mouvements prometteurs, de manière expérimentale, souple et pragmatique. Et il convient sans doute, au niveau local comme au niveau national, de privilégier les politiques « horizontales », c'est-à-dire le développement des infrastructures matérielles et sociales (formation notamment), ainsi que toutes les actions permettant d'accroître les capacités territoriales de « commutation », c'est-à-dire de mise en relation flexible et mobile entre des acteurs multiples.

Le développement solidaire des groupes et des PME

Un chantier essentiel du développement local est bien sûr le renforcement des tissus locaux de PME-PMI, et plus précisément la promotion de *réseaux de solidarités orientés vers l'apprentissage collectif*. De très nombreuses structures existent pour aider et assister les PME. Mais il faut surtout encourager l'émergence de réseaux horizontaux, entre entrepreneurs eux-mêmes. De nombreuses expériences de ce type existent, quelquefois simplement pour aider les entrepreneurs à casser leur isolement. Trois formes de *mutualisation* sont particulièrement intéressantes : l'accès partagé aux informations technico-économiques ; le partage des expériences dans le domaine social ; la création d'interfaces collectives avec le monde éducatif.

Le soutien à l'innovation dans les PME est un domaine qui a vu fleurir les structures et les actions, avant et après la vague de la « nouvelle économie ». Mais on a toujours tendance en France à privilégier trop fortement l'innovation technique sur l'innovation organisationnelle ou commerciale. D'après une étude du ministère de l'Industrie en 1993, le pourcentage de commerciaux dans les PMI allemandes était alors supérieur de 50 % au pourcentage français, à taille égale. En caricaturant, on a parfois l'impression que de nombreux organismes proposent aux PME des formes de modernisation qui ne sont pas centrales pour elles (voire dangereuses...), alors qu'elles trouvent difficilement des aides dans les domaines cruciaux de la gestion ou de l'organisation. Cela ne veut pas dire que l'innovation technique soit secondaire. Mais il faut sans doute l'appuyer davantage sur des structures de proximité, comme les IUT et les lycées techniques (plutôt que sur les universités), et il ne faut pas la séparer des innovations de gestion.

Le problème du financement des PME constitue, d'autre part, un sujet « serpent de mer » qu'il ne peut être question de développer ici. Disons simplement que, là encore, des progrès importants ont sans doute été réalisés dans les domaines touchant à l'innovation technologique. Les fonds du capital-risque se sont développés, même si l'amorçage reste parfois difficile. Et un nombre croissant de *business angels* (investisseurs privés) est prêt à épauler de jeunes pousses. En revanche, la faiblesse des fonds propres reste une caractéristique assez générale et les mécanismes bancaires traditionnels restent souvent malthusiens. Trouver de l'argent pour une boulangerie est plus difficile que pour une firme « point-com », sans parler de problèmes lancinants tels que les délais de paiement des administrations et les délais de remboursement de la TVA.

Mais les PME ne sont pas, il s'en faut de beaucoup, les seuls acteurs du développement local. Le développement solidaire des groupes et des PME, et l'implication effective des grands groupes nationaux et internationaux dans les territoires sont des enjeux essentiels.

Il faut absolument refuser la séparation entre « développement local » et PME d'un côté, déploiement des groupes et économie internationalisée de l'autre. Les PME, comme les groupes, sont plongés dans le monde globalisé. Les groupes, comme les PME, sont des partenaires cruciaux du développement local. Ceci est d'autant plus vrai en France que l'interpénétration entre ces deux mondes est exceptionnellement forte (même si, paradoxalement, la distance culturelle entre dirigeants est particulièrement grande !). De nombreux groupes se présentent d'ailleurs comme des fédérations de PME – ce qui est à la fois vrai et faux, car les unités locales ont souvent peu d'autonomie réelle. Près de la moitié du chiffre d'affaires des PME de l'industrie française est le fait de filiales directes de groupes. Les deux tiers du Mittelstand allemand (les PME de 100 à 2000 personnes) sont constitués d'entreprises indépendantes, contre moins de la moitié en France. Les processus d'externalisation et de mise en réseau évoqués plus haut ne font que renforcer cette symbiose croissante entre PME et groupes.

Historiquement, les grandes entreprises se sont généralement trouvées en situation d'extériorité par rapport aux sociétés locales, compte tenu des spécificités du développement des « trente glorieuses ».

Les établissements étaient, et sont encore, dirigés par des cadres à la rotation rapide. Néanmoins, ces firmes ont tissé des liens avec les tissus économiques régionaux à l'occasion des problèmes posés par les fermetures de sites et les reconversions. Des structures spéciales ont été créées pour cela (GERIS-Thomson, CREAN-Danone, Saint-Gobain-Développement, etc.). Outre les effets directs de leurs actions, ces structures ont eu un rôle indirect d'apprentissage et de création de liens entre ces groupes et les tissus locaux. Aujourd'hui, ces relations sont en évolution. En général, les grandes firmes recherchent des actions plus anticipatrices que correctrices (ce qui n'empêche pas des situations de crise, type Danone...). Dans certains cas, elles concourent à la création d'intermédiaires locaux permettant de mieux structurer les marchés du travail locaux, en favorisant des régulations locales que le ministère du Travail, organisé verticalement, ne prend pas en charge (Raveyre, 2001). Mais, en même temps, l'enjeu de l'implication territoriale dans les grandes firmes – en particulier celles qui sont tournées vers le grand public et qui gèrent des marques connues – devient fortement « politique » et très lié à la gestion de l'image. La grande fragilité qui est paradoxalement liée à la puissance, et qui est renforcée par la multiplication des établissements à travers le monde, peut tendre à privilégier les actions visibles et payantes pour la communication – actions d'implication écologique ou sociale, ou humanitaire, au bénéfice des « communautés » –, au détriment des actions en profondeur territorialisées. Ce risque existe. Mais la sensibilité des firmes à l'image est aussi, pour le territoire, un levier d'action important.

Le développement local, l'économie domestique et résidentielle

Pour finir, il est essentiel de rappeler que l'activité économique d'un territoire ne se limite pas aux firmes travaillant pour des marchés extérieurs (nationaux ou internationaux) ! Elle comprend également une masse considérable et *croissante* d'activités qu'on peut qualifier de « domestiques » et de « résidentielles » issues des injections de revenus dans l'économie locale, par le biais des salaires certes, mais aussi des retraites, des salaires publics, des transferts en tous genres. Comme le souligne L. Davezies (Davezies, 2000), « une part importante de revenu des ménages des territoires français n'a aucun rapport direct, en montant et en évolution, avec l'efficacité productive locale ». Les salaires publics et les retraites représentaient à eux seuls 45 % des revenus en 1996. Or ce pourcentage est très variable d'un territoire à l'autre. *Grosso modo*, il est d'autant plus élevé que les agglomérations sont petites, avec des pics dans les chefs-lieux de certains départements. En termes d'emplois, on s'aperçoit qu'une part très importante de la dynamique de création et d'évolution tient à des activités à courte portée (et à faible productivité) reposant sur la dépense locale, quelle qu'en soit l'origine. À titre d'exemple, une étude menée sur la région Nord-Pas-de-Calais a montré que de 1975 à 1990, l'emploi privé « basique » a décru de 24 %, l'emploi privé lié à la consommation locale a crû de 15 % et l'emploi public a crû de 37 %. 47 % des revenus de la région provenaient en 1990 directement des budgets publics ou des prestations sociales (Beckouche, Davezies, Nicot, Prud'homme, Veltz, 1998). D'autre part, le décalage entre les lieux de travail et de résidence (et de dépense des revenus) crée des distorsions fortes : certains territoires voient leur activité productive baisser, alors que leurs revenus s'accroissent, et réciproquement. Beaucoup plus encore que les économies nationales, les économies régionales et locales sont des entités ouvertes. Par exemple, Davezies signale que 7 % de la masse salariale d'Île-de-France est versée à des résidents limitrophes.

On peut enfin penser – ce n'est pas une probabilité, mais une certitude – que les 35 heures et l'évolution des modes de vie vont renforcer tous les facteurs liés à cette économie résidentielle, liée à la consommation locale plus ou moins indépendamment de la production « exportatrice ». Il est donc essentiel que les politiques du développement local intègrent ces facteurs et cessent de reposer sur le modèle plus ou moins exclusif de la chasse à la marque prestigieuse qui viendra s'installer dans la ZI locale. Attirer des revenus est aussi important que d'attirer des entreprises ; même si, par ailleurs, on peut s'interroger sur les nouvelles formes de dépendance et de fragilité qu'un tel mode de développement risque d'induire.

Planifier le développement ?

Si l'on rassemble les idées principales qui émergent de ce tour d'horizon, on voit bien que la « planification » du développement territorial ne peut certainement pas se limiter à fixer une cible (de type :

« développer tel ou tel secteur d'activité », voire « créer telle ou telle activité nouvelle, si possible high-tech ») et à accompagner cette volonté d'efforts de promotion et de communication. Il ne peut s'agir que d'un processus beaucoup plus subtil, de nature stratégique, dans lequel les objectifs sont redéfinis au fur et à mesure des réalisations. Comme le souligne Scott (*op. cit.*), la conduite temporelle et les actions indirectes de développement des institutions facilitant la coopération sont des éléments cruciaux. Un audit des atouts spécifiques du territoire, dans une perspective comparative, est certainement un point de départ nécessaire. Mais cet audit ne peut pas se limiter à une grille sectorielle (toujours plus ou moins grossière) des activités et de leurs potentiels généraux de développement. Elle suppose des analyses beaucoup plus fines, intégrant les facteurs économiques et les facteurs sociopolitiques. Selon la configuration des acteurs, le développement peut ensuite être piloté de manière pragmatique et souple : le point crucial est d'obtenir une implication *réelle*, et non simplement formelle, des acteurs économiques, ce qui suppose, *a minima*, du côté des acteurs publics, la présence d'interlocuteurs parlant le langage des entreprises.

12
Le local et le national : une solidarité nécessaire

À ce stade de notre parcours, il est temps de replacer le local dans la perspective des deux autres grandes échelles d'organisation politique et économique : l'espace national et son État ; l'espace européen et son institution politique en devenir.

Il est naturel qu'une partie importante de l'énergie motrice du développement local repose sur des affirmations identitaires qui, on le sait, se définissent volontiers « contre » – contre Paris, le centralisme, le jacobinisme, dans les cas favorables ; contre les étrangers, les parasites fiscaux, les compatriotes moins productifs, etc., dans les versions plus douteuses. Mais il faut redire avec force que l'idée d'un développement local pensé, ou fantasmé, comme plus ou moins autarcique et purement endogène est aujourd'hui absurde. En un sens, le pire ennemi du développement local est le localisme, le provincialisme.

On l'a déjà dit, il n'y a pas de développement territorial qui ne soit appuyé sur des *réseaux externes* dynamiques et vivants. La réussite des tissus de PME de la

Vénétie ou de la Lombardie, aussi régionaliste et xénophobe (à l'égard des compatriotes du Sud) qu'y soit l'idéologie d'une partie des entrepreneurs, ne s'explique que par une ouverture internationale ancienne et vigoureuse, notamment vers les pays alpins et transalpins. À cet égard, les tissus économiques et sociaux trop fortement communautarisés sont toujours menacés d'une certaine stagnation. La confiance entre les acteurs est un élément clé du développement, mais elle est dangereuse lorsqu'elle devient sclérosée, refusant l'altérité, l'ouverture aux outsiders, qu'ils soient locaux ou non. (Paradoxalement, un avantage des métropoles est sans doute que les réseaux de confiance y sont toujours menacés par une fluidité et une insécurité qui évite l'endormissement.)

Ensuite, le développement local est évidemment immergé dans l'espace national, en ce sens qu'un grand nombre des contraintes et des données qui guident les choix de localisation des firmes et des individus (la fiscalité, la législation du travail, etc.) restent avant tout nationales. Les enquêtes montrent d'ailleurs que les grandes firmes mondiales choisissent d'abord le pays, puis la région d'implantation (même si ceci doit sans doute être de plus en plus modulé).

Enfin et surtout, les innombrables maillages, visibles et invisibles, qui incluent les espaces locaux, aussi reculés soient-ils, dans les systèmes de mobilité et les tissages de solidarité et de transferts, sont tels que l'image même d'un espace national composé comme une sorte de mosaïque d'espaces locaux est absolument trompeuse.

Telle est, du reste, la difficulté principale pour penser et organiser (politiquement et économiquement) l'articulation des échelles spatiales. Nous ne sommes plus dans un système de « poupées russes », où chaque niveau est en quelque sorte emboîté dans le niveau supérieur. Les diverses activités présentes dans un territoire donné renvoient à des échelles de pertinence et de régulation très variables. Le local est davantage constitué par l'entrecroisement de ces niveaux et de ces échelles que définissable comme un « étage » ou un « niveau » cohérent par lui-même. Ceci rend difficile, notons-le au passage, l'application d'un principe comme celui de « subsidiarité », qui paraît clair et élégant lorsqu'on se borne à une analyse superficielle, mais qui, en réalité, devient souvent obscur lorsqu'on approfondit l'analyse (voir Coutard, 2001).

On ne peut donc pas parler du développement local sans parler en même temps de l'échelle nationale. Et là s'ouvre bien sûr la grande question: quel avenir pour l'État-nation ? Question à la fois empirique (qu'en est-il aujourd'hui ? quelles sont les tendances ?) et normative (faut-il défendre ou non l'existence d'un niveau national et d'une structure d'État-nation forte, ou s'agit-il d'un héritage du passé plus encombrant qu'utile ?). Immense problème, aux innombrables facettes, sur lequel je me bornerai à quelques remarques, relatives à la dimension géographique qui est souvent occultée par les considérations relatives aux dimensions macro-économiques et macropolitiques.

États-régions contre États-nations ?

On a insisté plus haut sur le rôle prédominant des espaces nationaux dans la structuration des échanges et sur le maintien de ce rôle, s'exprimant notamment dans la remarquable persistance des effets-frontière. D'autres analyses montrent que les formes institutionnelles issues de l'histoire continuent à marquer très fortement les chemins de croissance, en particulier sous l'angle des « systèmes d'innovation » et d'intégration du progrès technique dans l'économie (Amable, Barré, Boyer, 1997). Le déploiement des mécanismes de marché est profondément imbriqué dans des institutions qui demeurent en grande partie marquées du sceau national. On ne peut nier toutefois que des dynamiques nouvelles et puissantes viennent remodeler cette trame, aussi résistante soit-elle. Les effets-frontière sont à l'évidence (sauf retour improbable du protectionnisme) destinés à s'effacer progressivement. La capacité de résistance des « modèles nationaux de capitalisme » fait débat. Qu'il s'agisse du financement, des normes comptables, des pratiques juridiques, des modèles culturels de management, la tendance est indéniablement à la convergence, à la « dé-nationalisation ». L'économie mondiale, on l'a dit, se présente de moins en moins comme un système d'échange entre nations (une économie « inter-nationale »), en raison des tissages transnationaux opérés par les grandes firmes et leurs réseaux, et en raison de la montée et de l'autonomisation relative des deux niveaux d'organisation territoriale que sont les grandes villes, ou villes-régions, et les ensembles « régionaux » supranationaux (Europe,

Nafta, Mercosur, etc.). L'ensemble mondial se présente donc plutôt comme une structure à quatre niveaux (le mondial proprement dit, le régional supranational, les espaces nationaux, les métropoles ou les régions) étant entendu que les relations entre ces niveaux ne sont pas des relations d'emboîtement hiérarchiques et que de nombreuses relations horizontales se tissent entre les unités qui « shuntent » largement les niveaux supérieurs.

L'économie de l'archipel des grandes zones métropolitaines et/ou des grands pôles innovateurs connectés entre eux peut apparaître ainsi comme une trame qui se superpose progressivement à celle des États – même si la plupart des grandes agglomérations restent fermement imbriquées dans les tissus nationaux – et qui pourrait à terme les menacer.

Un plaidoyer particulièrement vigoureux et éloquent *en faveur* de cette autonomisation et de sa radicalisation a été proposé par K. Ohmae dans des livres qui ont connu une large diffusion mondiale (Ohmae, 1996; Ohmae, 2001). L'argument central d'Ohmae est le suivant: les espaces nationaux et les États bureaucratiques qui se sont développés aux échelles nationales sont devenus des boulets pour le développement des régions et des métropoles les plus dynamiques et les plus prospères. Vivent donc des « États-régions », gérés par de nouvelles élites économiques, ou du moins capables de mettre la politique au service de l'économie, comme Singapour ou Penang. K. Ohmae évalue entre 5 et 20 millions de personnes la taille optimale de ces « unités opérationnelles planétaires », qui devraient être « assez petites pour que leurs citoyens aient des intérêts communs en tant que consommateurs et assez grandes pour justifier des économies de services – terme qui englobe l'infrastructure de communications, de transports et de services spécialisés essentielle pour participer à l'économie planétaire » (Ohmae, 1996). Japonais d'origine, Ohmae prend l'exemple de son pays, en notant par exemple que le Kansai (région d'Ôsaka), internationalement éclipsé par la région de Tôkyô, forme une économie aussi puissante que celle du Canada ou de l'Espagne, et qui pourrait se développer considérablement si elle était plus autonome par rapport à un gouvernement japonais enclin, de par sa nature même, à gaspiller de l'argent pour subventionner les riziculteurs et le BTP. Bien entendu, Ohmae est conscient du fait que le remplacement des États-nations par les États-régions laisserait subsister d'immenses zones de pauvreté. Les cybersalariés de Bangalore, dit-il, ne sont Indiens que de nom et n'ont aucune envie de subventionner le reste de l'Inde. Et un investisseur étranger « normal » investira à Bangalore, pas en Inde.

Bien entendu, si de tels scénarios doivent être envisagés sérieusement, ils sont à la fois impraticables et inacceptables dans un cas comme celui de la France. Les potentiels de consommation y sont, heureusement, beaucoup mieux répartis qu'en Inde, en Chine ou en Malaisie. Et surtout, les mécanismes d'amortissement des inégalités territoriales liés à la part socialisée de l'économie créent une forme de solidarité interterritoriale absolument cruciale dans la vie de notre pays.

Nous avons déjà cité, à cet égard, les travaux de L. Davezies soulignant le rôle énorme que joue, dans de nombreuses villes moyennes et dans les territoires en général (y compris métropolitains), l'injection de ressources publiques et de revenus de transfert. Bien entendu, cette injection représente un risque pour certains territoires qui sont menacés d'être durablement coupés de l'univers des marchés concurrentiels. Mais elle permet également d'amortir les crises et de préserver les chances de redémarrage. Rappelons que de 1975 à 1990, 1,2 million d'emplois ont été créés en France: l'emploi public a crû de 1,5 million, l'emploi privé a décru de 0,3 million. Dans les pays ne disposant pas de tels amortisseurs, les disparités régionales prennent en revanche la forme de fractures béantes, accroissant les pressions migratoires vers les mégalopoles, qui finissent par s'étendre bien au-delà de leur potentiel économique « normal ». La fracture interrégionale se transforme ainsi progressivement en fracture sociale intramétropolitaine et crée des situations sociales potentiellement explosives, comme celles de nombreuses « mégalopoles anarchiques » des pays pauvres (Didier, Marret, 2001).

Il se trouve de surcroît que, toute considération éthique mise à part, cette solidarité entre territoires liée à l'État-nation est plus facilement acceptable en France que dans d'autres pays. Ainsi, même si les montants en jeu sont, en ordre de grandeur, vingt fois plus élevés que les transferts explicites du type « fonds structurels européens », les transferts de l'Île-de-France vers le reste du pays ne représentent que 6 % du PIB de la région capitale. Et les régions bénéficiaires le sont dans une proportion toujours inférieure à 10 % (sauf pour la Corse). En Italie, la Lombardie est contributrice pour 14 % de son produit, et les régions du Sud bénéficiaires le sont à des taux variant de 20 % (Sicile, Sardaigne) à près de 50 % (Basilicate) ! En Allemagne, la réunification conduit également, bien sûr, à des transferts très élevés (voir Davezies, Nicot, Prud'homme, 1998). Malgré sa taille et sa diversité, la France a donc probablement les moyens de défendre une position qui combine une forte solidarité et une forte insertion dans l'économie mondialisée, comme celle que l'on trouve dans les « petits » pays du Nord de l'Europe, comme le Danemark (ces derniers étant, il est vrai, plus proches du modèle de l'État-région à la Ohmae). Et elle est moins menacée, à ce jour, par la montée d'égoïsmes régionaux forts comme ceux qui apparaissent dans les régions les plus riches, et qui, bien entendu, ne feront que croître lorsque l'élargissement imposera des transferts européens beaucoup plus importants qu'aujourd'hui.

Des réformes indispensables

Pour autant, tout n'est pas pour le mieux dans le meilleur des mondes. Si l'État-nation, grâce aux mécanismes de solidarité qui lui sont consubstantiels, reste à ce jour la seule barrière efficace aux forces centrifuges de l'inégalité sociale et territoriale, cet État doit aussi se réformer de manière urgente, ne serait-ce que pour atténuer la coupure croissante entre les univers du « public » et ceux du « privé ». La très inégale participation des sociétés locales aux flux mondialisés reste également malsaine à terme, et susceptible d'engendrer des écarts culturels nettement plus importants que les écarts de revenus au sein de la société et de la géographie françaises, écart dont on perçoit déjà les manifestations politiques. Enfin, il est crucial de reconnaître la nécessité et l'importance des « points d'entrée » articulant les économies territoriales avec les flux essentiels de la mondialisation. On ne peut, à cet égard, que se réjouir de la perception grandissante des atouts et des enjeux que représentent pour le pays dans son entier le maintien et le développement de certaines activités métropolitaines, comme la place financière de Paris (voir le récent rapport Charzat sur l'attractivité du territoire, qui donne une place importante à ce thème). Un point crucial est aussi l'ouverture internationale de l'enseignement supérieur et de la recherche. La France dispose d'excellentes universités scientifiques, mais elle n'a pas les machines à drainer les élites du monde entier que sont les grandes plates-formes universitaires américaines, notamment dans les domaines technologiques (MIT, Caltech, etc.). Les seuls droits d'inscription payés par les étrangers dans ces universités se chiffrent en milliards de dollars (7,5 d'après *le Monde* du 7 septembre 1999). Mais surtout, l'économie américaine profite d'un considérable afflux de cerveaux (70 % des doctorats d'ingénierie sont réalisés par des étrangers) et de la création de réseaux mondiaux de circulation des savoirs et des hommes. En France, la coupure entre les universités et les grandes écoles et l'extrême émiettement de ces dernières nous privent de tels mécanismes (sans parler des tracasseries administratives infligées aux « impatriés », étudiants cadres et chercheurs étrangers). Or il va de soi que la création de pôles d'attraction puissants et internationalement visibles ne peut être réalisée que de manière concentrée, et n'est guère compatible avec un saupoudrage des moyens.

Le rôle irremplaçable de l'État ne se borne pas, bien entendu, à son impact sur la solidarité entre territoires et sur la conduite volontariste de projets qui dépassent les moyens des collectivités locales. Dans la logique même du développement à base territoriale, nous l'avons dit et redit, les processus exigeant des investissements de long terme (la création des « sucres lents », pour reprendre cette métaphore) sont le complément indispensable de l'économie de vitesse, le socle sur lequel peuvent s'appuyer les processus réactifs et rapides du marché. À cet égard, la sphère publique a encore, à l'évidence, un avenir considérable – qui n'implique en rien, toutefois, le caractère immuable des procédures par lesquelles ces ressources d'infrastructure sont produites et gérées. Les partenariats public-privé, dont l'Europe et en particulier la France ont une grande expérience, sont à cet égard un immense champ ouvert à la créativité des politiques et des gestionnaires. Et, plutôt que de se livrer à des guerres de religion où l'on oppose frontalement le « marché » et la « norme publique », il est temps que notre pays débatte des orientations de fond, des choix collectifs essentiels, avant de définir pragmatiquement les outils permettant d'atteindre ces objectifs.

13
Déficit d'Europe

Entre le local et l'Europe, l'État national a donc de beaux restes. Et il est heureux, pour les raisons qu'on vient d'évoquer, qu'il en soit ainsi. Car l'Europe n'est pas, aujourd'hui, prête à assurer des fonctions de redistribution, de solidarité et d'appui à l'efficacité au même niveau que les États. Il s'en faut de beaucoup. Redisons-le, les fonds structurels, qui sont pourtant le deuxième budget de l'Europe, ne représentent au total que le vingtième environ de ce que les États nationaux redistribuent territorialement, de manière plus ou moins automatique, par le biais de leurs budgets et de leurs mécanismes de sécurité sociale.

De cette remarque, nous ne tirerons toutefois aucun euroscepticisme. Au contraire. Le problème n'est pas qu'il y a trop d'Europe, ou que l'Europe n'est pas assez efficace. Le problème est que l'Europe tarde à se construire, alors qu'elle constitue un enjeu crucial, nullement incompatible avec la préservation (et la réforme qui doit l'accompagner) de l'État-nation. Le retour au local serait inquiétant, malgré sa pertinence économique, s'il devait signifier un désintérêt croissant pour l'Europe. Et sans doute y a-t-il aujourd'hui une sorte d'asymétrie structurelle, dont on comprend bien les raisons, mais qui n'en est pas moins problématique : beaucoup de passion et d'énergie en direction du local, du régional, de l'infranational et trop peu vers le supranational, qui peine à trouver ses moteurs. Rappelons quelques faits.

• L'intégration européenne a fortement progressé au cours des dernières décennies, mais nullement dans le sens de la constitution de la « forteresse Europe », un moment redouté par les Américains et surtout les Japonais. Les échanges intra-européens de biens et de services ont crû fortement, mais pas au détriment des échanges extraeuropéens, qui ont également beaucoup augmenté. Il en va de même pour les investissements directs à l'étranger. Les groupes européens ont énormément investi aux États-Unis au cours des dernières années. En 1999, les groupes européens étaient présents dans 80 % des opérations internationales de fusion/acquisition aux États-Unis. La dissociation entre les espaces des grandes firmes (même lorsqu'elles gardent un ancrage national fort) et les territoires nationaux s'est donc accrue, mais pas vraiment dans le sens de constitution d'un espace européen. Comme nous l'avons déjà noté, l'une des complexités de l'Europe est que cette dissociation est très variable d'un pays à l'autre : très élevée en Grande-Bretagne et bien sûr dans les petits pays comme les Pays-Bas, faible en Allemagne, moyenne en France.

Malgré l'injection de fonds importants dans la politique régionale « structurelle » (deuxième budget de l'Europe après le PAC), les écarts entre régions européennes ont stagné, voire augmenté. Ces écarts sont beaucoup plus forts qu'aux États-Unis, en particulier parce que la régulation par les migrations joue beaucoup moins en Europe. L'intégration européenne a produit des effets de convergence remarquables entre les pays (notamment pour l'Irlande, l'Espagne et le Portugal), mais cette convergence internationale ne s'est pas accompagnée d'une convergence équivalente entre les régions. On peut même noter que l'Espagne et le Portugal qui ont eu un taux de croissance élevé et qui ont convergé vers la moyenne européenne en termes de revenus par habitant ont aussi connu la divergence régionale la plus prononcée, alors que la Grèce, dont le rattrapage est moins net, n'a pas connu la même ouverture des inégalités régionales. Tout se passe donc comme si la convergence nationale se traduisait surtout par le développement des zones les plus avancées et les plus urbanisées des pays. Certains économistes se demandent d'ailleurs si ce n'est pas une bonne chose: si le renforcement du Portugal, par exemple, ne s'opère pas mieux via un renforcement de ses pôles de croissance (redistribuant eux-mêmes, dans un deuxième temps, au sein des espaces nationaux) que par un soutien à ses zones les plus faibles. C'est dire combien l'articulation entre politiques dites de convergence et politiques dites de cohésion reste aujourd'hui peu claire (Martin, 1998).

Contrairement au scénario annoncé par des économistes comme Krugman, s'appuyant à la fois sur la théorie et sur l'exemple américain, l'intégration européenne ne semble pas se traduire, à ce jour, par des effets de spécialisation renforcés des pays et des régions européennes. Il est vrai que la faiblesse des données homogènes sur les spécificités sectorielles au niveau régional ne permet pas de conclusions vraiment tranchées. Mais les chiffres montrent que les diverses économies nationales européennes ne tendent pas, globalement, à renforcer leurs spécialisations. Les échanges intra-européens se développent surtout suivant une modalité qui est celle du commerce intrabranche, c'est-à-dire portant surtout sur des produits similaires différenciés selon la qualité, alors que les échanges extracommunautaires restent plus « classiques », avec une part prédominante du commerce interbranche (Fontagné, Freudenberg, 1999). Le risque de voir se créer en Europe des zones spécialisées (à l'échelle du continent) dans telle ou telle production, rendant ces régions plus vulnérables aux chocs, semble donc limité.

• Globalement, la performance économique de l'Europe reste en retrait par rapport à celle des États-Unis. On note même depuis le début des années quatre-vingt un certain décrochage du PIB par habitant (mesuré en parité de pouvoir d'achat) entre les principaux pays européens et les États-Unis. Pour la France, par exemple, le PIB par habitant était passé de 62 % du niveau américain en 1960 à près de 80 % en 1980, et redescendu à 70 % en 1998 (Duval, 2001). Une des raisons possibles de ces difficultés est sans doute la combinaison d'une politique de concurrence forte entre entreprises dans un cadre non harmonisé, avec un marché « intérieur » toujours en partie virtuel (voir plus haut l'importance des effets-frontière persistants), une hétérogénéité culturelle et linguistique forte, et un retard inquiétant de convergence des règles sociales et fiscales, propice aux dumpings et aux concurrences malsaines. Il est de bon ton de se plaindre d'une Europe trop économique et pas assez politique, humaine, sociale. Certes, il y a déficit social et démocratique, mais il y a *aussi* déficit économique ! Ainsi, le corpus des institutions économiques européennes, au-delà d'une harmonisation *a minima* des règles nationales, d'ailleurs très timide, n'existe guère qu'à l'état embryonnaire. Par exemple, il n'y a toujours pas de statut de société européenne, même si des projets sont établis dans ce sens. La récente mésentente sur la réglementation des OPA montre aussi l'ampleur du chemin qui reste à parcourir pour rapprocher des cultures économiques et des institutions aussi éloignées que celles de la Grande-Bretagne et de l'Allemagne. Il n'existe pas de bourse européenne. La divergence des fiscalités (sans parler de l'existence au cœur de l'Europe de paradis fiscaux) est un encouragement aux surenchères vers le bas. La volonté de conserver ou d'attirer l'épargne et les sièges sociaux des entreprises – comme le souligne P. Richard (Richard, 2001), il devrait y avoir une neutralité fiscale des transferts de siège – a conduit à une taxation des revenus du capital toujours fortement variable entre pays européens. D'une certaine manière, les propositions très « libérales » du rapport Charzat prennent acte de cet état de surenchère, en recommandant à la France de jouer le même jeu que les autres. Ceci est peut-être réaliste à court terme, mais dangereux à moyen terme, et ne règle en rien le problème de fond. Comme le fait d'autre part remarquer Piketty, le maintien d'une fiscalité fortement progressive sur le revenu pose plus un problème de coordination entre pays qu'un problème économique en soi. Les taux élevés pratiqués pendant les « trente glorieuses » en France et plus encore aux États-Unis n'ont en rien empêché la croissance. En revanche, si les pays européens diminuaient de concert leur fiscalité progressive au même rythme que les États-Unis, on pourrait observer un retour aux inégalités patrimoniales considérables qui ont existé dans notre pays jusqu'au milieu du XXe siècle (Piketty, 2001). Enfin, la construction, guère plus avancée, d'une Europe sociale n'est pas davantage contradictoire avec l'efficacité économique: elle devrait permettre, là encore, d'éviter les distorsions vers le bas et les concurrences sauvages. Mais le chemin sera long pour harmoniser des institutions qui reposent tantôt sur une logique « bismarckienne » (à base de régulations collectives et professionnelles), tantôt sur une logique « beveridgienne » (à base de droits individuels) (Maurice, 2000).

• La thématique de l'« Europe des régions » est à la fois essentielle par ses enjeux et révélatrice d'ambiguïtés profondes. D'un côté, on peut remarquer qu'elle est particulièrement portée par des régions qui sont de « vraies » régions, en ce sens qu'elles combinent une unité culturelle, politique et économique, et souvent des régions riches en opposition ou en délicatesse avec leur État national et sa capitale : la Catalogne, la Lombardie, l'Écosse, la Bavière, etc.

Les sondages montrent ainsi que la Catalogne est plus proeuropéenne que le reste de l'Espagne, parce qu'elle y voit un moyen d'affirmer son identité et que l'Écosse est moins eurosceptique que les autres régions du Royaume-Uni (Keating, 1998). Parallèlement, ces régions rechignent plus ou moins ouvertement à payer pour les régions pauvres au sein de leurs espaces nationaux, et donc, *a fortiori*, pour les régions pauvres des autres pays (et demain, des pays de l'élargissement, qui vont créer un choc considérable sur les mécanismes de type « fonds structurels »). Enfin, si l'« Europe des régions » se comprend bien pour les « vraies régions », *quid* des régions interstitielles, peu structurées sur le plan culturel et politique – régions qui, en France notamment, représentent une part importante du territoire national, où l'on trouve des microdiversités très fortes, mais rien qui ressemble vraiment à la Catalogne ou à l'Écosse ?

Pour autant, il serait étriqué de ne considérer la thématique de l'Europe des régions que sous l'angle de ces risques. Car la montée des régions en Europe, au-delà de ces ambiguïtés, montre aussi des voies positives d'un nécessaire renouvellement politique et démocratique – qui dépassent largement les considérations strictement « fonctionnelles » et « économicistes » à la Ohmae. Le formidable intérêt de cette mutation profonde que constituent l'émergence de l'État européen, la crise des États-nations et la montée des régions est précisément de nous obliger à réinterroger et à réélaborer des notions trop confortablement (et, de fait, illusoirement) incrustées dans leur coquille nationale : citoyenneté, souveraineté, démocratie. Le remue-ménage institutionnel est salutaire précisément parce qu'il casse l'idée d'une sorte d'essence préexistante et immuable de ces notions, et de leur assemblage dans la « République française », par exemple. Cela ne tient nullement, à mes yeux, au fait que la région ou le local seraient, par nature, des échelons plus démocratiques, car plus proche du citoyen de base: mais au fait que les marges nouvelles de jeu qui se créent dans les systèmes de représentation et de décision et qui font sans cesse surgir de nouveaux acteurs en quête de légitimité, créent aussi des opportunités pour un approfondissement, et non pas une simple sauvegarde, des formes pratiques de la démocratie et de la citoyenneté. La mobilité internationale ou interrégionale, la multiappartenance, l'immigration de populations marginalisées dans les grandes villes cosmopolites de l'Europe, brouillent fortement, par exemple, la différence de fait entre citoyen et étranger. Cela se traduit par des crispations, mais aussi par une tension dont on peut penser qu'elle sera, à terme, créatrice de nouveaux espaces de liberté.

14
Pour conclure

Le monde hautement interdépendant dans lequel nous sommes entrés n'est pas, et ne sera sans doute jamais, un pur espace de flux, où les lieux auraient perdu toute signification. Le territoire résiste. Mais la territorialité se transforme en profondeur. Continuer à voir les États-nations comme des mosaïques de régions et le monde comme une mosaïque d'États-nations est un anachronisme consolant, mais trompeur. Dans l'économie, la grande inégalité est désormais celle qui oppose les mobiles et les immobiles – ceux qui ont les ressources de la mobilité et ceux qui sont contraints à l'immobilité. Le déficit de régulations mondiales (et non leur excès, comme le pensent de nombreux « antimondialistes ») confère aux joueurs mobiles des avantages considérables par rapport aux joueurs qui n'ont pas les moyens de sortir d'un espace régulé comme celui des États. Les grandes firmes, ainsi, et les couches dirigeantes de l'économie mondiale, sont rationnellement incitées à se comporter comme les *free riders* (passagers clandestins) des énormes infrastructures matérielles et sociales financées par les collectivités nationales. J. Pisani-Ferry prend l'exemple du footballeur pour expliquer ce déséquilibre entre mobiles et immobiles : « Imposer les gains d'un footballeur plus qu'ils ne le sont dans le pays voisin revient soit à le faire partir, soit à lui assurer une rémunération suffisamment forte pour qu'il conserve le même revenu. *In fine*, la taxe n'est pas acquittée par le joueur (mobile), mais par le club (immobile) » (Pisani-Ferry, 2001). Installer les usines là où les règles d'environnement sont les plus laxistes, les sièges sociaux là où la fiscalité est la plus basse, vivre dans les lieux où la qualité de vie et l'offre universitaire pour les enfants sont les meilleures : dans tous les domaines, la transnationalisation de l'économie fait éclater les régulations territoriales classiques. Les gagnants sont ceux qui, grâce à leur maîtrise des mobilités (d'information, de capitaux, de résidence) peuvent élargir en permanence leur capacité d'arbitrage, de choix entre des possibilités alternatives. La croissance est transnationale, la redistribution et la solidarité sont nationales. La « dé-spatialisation du social », comme dit U. Beck (Beck, 2000), est au cœur du changement : extrême mobilité du capital, d'un côté ; faible mobilité du travail, de l'autre. Il est inutile de moraliser cette question. Le problème n'est pas « éthique », il est celui de l'absence d'institutions et de règles du jeu capables de relayer le rôle traditionnel des États à l'échelle mondiale, et même à l'échelle continentale.

Mais cette tension entre l'univers mobile des uns et les horizons immobiles des autres ne concerne pas que la mince couche des firmes géantes et de leurs dirigeants apatrides. Toute la société – et la société française en particulier – est traversée par ce clivage.

Une partie toujours très importante de la population continue de vivre dans un espace-temps très étriqué, alors que d'autres, de plus en plus nombreux, et bien au-delà des milieux dirigeants, expérimentent de multiples formes de mobilité.

Le retour au local, dans ce contexte, ne peut être qu'ambivalent. Il peut exprimer un réflexe de défense et de repli. L'horizon national a perdu en crédibilité et en puissance de mobilisation imaginaire (même si l'ancrage anthropologique du national reste profond : voir Beckouche, 2001) ; l'Europe et le monde sont des horizons trop vastes, hors de portée, pour être réellement intériorisés ; reste la « petite patrie », le clocher. Il peut aussi être un point d'appui, une ressource, parmi d'autres, pour construire des trajectoires ouvertes, exploratoires, qui ne craignent pas l'altérité.

C'est là que l'économique et le social se nouent en profondeur au politique. La tâche qui est devant nous est de dénouer l'écheveau qui mêle inextricablement notre conception de la démocratie, notre vision de la souveraineté et le complexe d'images et d'institutions qu'est l'État-nation, issu du XIXe et du XXe siècles. Monopole de la souveraineté, démocratie réduite aux citoyens « nationaux » : l'État national sépare rigidement le dedans et le dehors, il privilégie dans son principe même l'immobile sur le mobile, ne serait-ce qu'à travers la création plus ou moins mythique d'une souche historique unique et fondatrice (voir Thiesse, 1999). Mais d'ores et déjà, le monopole de la souveraineté territoriale est plus qu'ébréché. Et, dans le système des États, chacun est concerné non seulement par la « politique étrangère » des autres, mais par une grande partie de leurs régulations internes. Les événements de l'automne 2001 en sont une illustration frappante, comme le souligne Beck dans un article récent (Beck, 2001). Du fait de la menace terroriste, la sécurité intérieure est tout sauf une affaire « intérieure ». Et cela est vrai aussi des problèmes du climat, de la pauvreté globale, des droits de l'homme. Quant à la fermeture « nationale » de la citoyenneté, comment ne pas voir qu'elle va constituer, de plus en plus, la pierre de touche de l'approfondissement de la démocratie ?

Ni la crispation sur la défense de l'État-nation dans sa configuration actuelle, ni l'illusion d'un État minimal laissant le champ libre à la régulation des marchés (illusion dont on voit combien elle s'effondre vite, dès que la sécurité est en jeu), ni la tentation d'États-régions repliés sur la défense économique et des égoïsmes locaux, ne sont des réponses acceptables aux défis de la globalisation. L'utopie positive n'est-elle pas, au contraire, celle d'un État postnational, ou, pour reprendre le vocabulaire de Kant dans *la Paix perpétuelle*, d'un État enfin « cosmopolite » (voir Beck, *op. cit.*; Held, 1995) ? Le mot, il est vrai, peut prêter à confusion. Car il y a diverses manières d'être cosmopolite : celle, arrogante et cynique, des super-riches qui profitent de la mondialisation sans en assumer aucune des responsabilités ; celles qui, à l'inverse, consistent à « lier étroitement l'autodétermination avec la responsabilité par rapport aux autres, étrangers au dedans comme au dehors des frontières nationales » (Beck, *op. cit.*). Le projet européen pourrait-il devenir l'utopie réaliste de construction d'un tel État postnational, « cosmopolite » ?

Bibliographie

ADDA J., *la Mondialisation de l'économie*, Paris, la Découverte, Repères, 2001.

AMABLE B., BARRÉ R., BOYER R., *les Systèmes d'innovation à l'ère de la globalisation*, Economica, 1997.

ANSIDÉI J., *les Centres financiers internationaux*, Paris, Economica, 2001.

ANIELLO V., LE GALES P., « Between Large Firms and Marginal Local Economies: the Making of Systems of Local Governance in France », in Crouch C., Le Galès P., Trigilia C., Voelzkow H., *Local Production Systems in Europe*, Oxford University Press, 2001.

ARGYRIS C., *Savoir pour agir*, Interéditions, 1993.

ASCHER F., *la République contre la ville*, l'Aube, 1998.

ASCHER F., *Ces événements nous dépassent, feignons d'en être les organisateurs*, l'Aube, 2001.

AUBRY B., « Les métiers se redéploient sur le territoire métropolitain », *Insee-Première*, n° 792, juillet 2001.

BALDWIN R.E., MARTIN P., « Two Waves of Globalisation: Superficial Similarities, Fundamental Differences », *NBER*, n° 6904, janvier 1999.

BECK U., *the Brave New World of Work*, Polity Press, 2000.

BECK U., « Der kosmopolitische Staat », *Der Spiegel*, 42, 2001, p. 54-56.

BECKOUCHE P., DAVEZIES L., NICOT B., PRUD'HOMME R., VELTZ P., *25 ans de développement dans le Nord-Pas-de-Calais*, Latts/Œil, 1998.

BECKOUCHE P., *le Royaume des frères*, Grasset, 2001.
BENKO G., LIPIETZ A., *les Régions qui gagnent*, Puf, 1992.
BENKO G., LIPIETZ A., *la Richesse des régions*, Puf, 2000.
BROWN P., *la Naissance du christianisme occidental*, Seuil, 1997.
BUTERA F., *les Métamorphoses de l'organisation*, éditions d'Organisation, 1991.
CASTELLS M., *the Rise of the Network Society*, Oxford, Blackwell, 1996.
CHARZAT M., *Rapport au Premier ministre sur l'attractivité du territoire français*, juillet 2001.
COHEN D., *Richesse du monde, Pauvreté des nations*, Flammarion, 1997.
COHEN R., *Global Diasporas*, University of Washington Press, Seattle, 1997.
CONINCK (DE) F., *l'Homme flexible et ses appartenances*, l'Harmattan, 2001.
COURAULT B., « Districts italiens et PME – systèmes français. Comparaison n'est pas raison », *la Lettre du CEE*, n° 61, février 2000.
COURAULT B., TROUVÉ P., *les Dynamiques des PME. Approches internationales*, Puf, 2000.
COUTARD O. (dir.), *le Bricolage organisationnel*, Elsevier, 2001.
DAVEZIES L., « L'hétérogénéité locale des enjeux du développement local », *Annales de la recherche urbaine*, printemps 2000.
DAVEZIES L., « Le développement local hors mondialisation », in collectif, *Comment améliorer la performance économique des territoires ?*, Caisse des dépôts et consignations, 2000.
DELAUNAY J.-C., GADREY J., *la Société de services*, Presses de la Fondation nationale des sciences politiques, 1987.
DIDIER A.-L., MARRET J.-L., *États « échoués », mégalopoles anarchiques*, Puf, 2001.

DUVAL G., « L'Europe va-t-elle prendre le relais des États-Unis », *Alternatives économiques*, hors-série n° 48, 2001.
ENGEL C., ROGERS J., « How Wide is the Frontier », *American Economic Review*, vol. 86, n° 5, 1996.
FONTAGNÉ L., FREUDENBERG M., « Marché unique et développement des échanges », *Économie et Statistiques*, n° 326-327, 1999.
FOX E.W., *l'Autre France*, Flammarion, 1973 (éd. originale américaine, 1971).
FRÉMONT A., *France, géographie d'une société*, Flammarion, 1988 (rééd. 1997).
FUKUYAMA F., *la Confiance et la Puissance*, Plon, 1997.
GADREY J., *l'Économie des services*, la Découverte, 1992.
GANNE B., *PME, Districts et Territorialités : les enjeux de la mondialisation*, GLYSI, université de Lyon-2, 1999.
GIRAUD P.-N., *l'Inégalité du monde*, Gallimard, 1996.
HECQUET V., LAINÉ F., « Structures industrielles locales et formes d'organisation économique », *Économie et Statistiques*, n° 326-327, 1999.
HELD D., *Democracy and the Global Order. From the Modern State to Cosmopolitan Governance*, Stanford University Press, 1995.
HERVIEU B., *les Champs du futur*, Bourin, 1993.
HERVIEU B., VIARD J., *l'Archipel paysan*, l'Aube, 2001.
HIRSCHMANN A., « Exit, Voice and Loyalty: Responses to Decline », in *Firms, Organisations and States*, Cambridge, Harvard University Press, 1970.
HOUDEBINE M., « Concentration géographique et spécialisation des départements français », *Économie et Statistiques*, n° 326-327, 1999.
HOUDEBINE M., TOPIOL-BENSAID A., « L'investissement direct et les entreprises françaises », *Économie et Statistiques*, n° 326-327, 1999.
JACQUET P., « De la géopolitique à la géoéconomie », in T. Montbrial (de), P. Jacquet (éd.), *Ramses 95*, Dunod, 1995.

JACQUET P., SACHWALD F., « Mondialisation : la vraie rupture du XXe siècle », *Politique étrangère*, n° 3/4, 2000.

JULLIEN P., « Les grandes villes françaises étendent leur influence », *Insee-Première*, n° 766, avril 2001.

KAYSER B., *Naissance de nouvelles campagnes*, l'Aube, 1993.

KEATING M., *the New Regionalism in Western Europe*, Northampton, Elgar, 1998.

KRUGMAN P., *la Mondialisation n'est pas coupable*, la Découverte, 1998.

LE BRAS H., *la Planète au village. Migrations et peuplement en France*, l'Aube, 1993.

LEAMER E., STORPER M., *the Economic Geography of the Internet Age*, UCLA, mai 2000.

LEISERING L., LEIBFRIED S., *Time and Poverty in Western Welfare States*, Cambridge University Press, 1999.

LOMBARD D., *le Carrefour javanais*, éditions de l'EHESS, 1990.

LOMBARD M., *Espaces et Réseaux du haut Moyen Âge*, Mouton, 1972.

MAC CALLUM J., « National Borders Matter : Canada-US Regional Trade Patterns », *American Economic Review*, juin 1995.

MAGAUD J., SUGITA K., « Un produit, deux façons de faire », *Dossiers de recherche du Centre d'études de l'emploi*, Noisy-le-Grand, CEE, 1992.

MARTIN P., *Quel cadre conceptuel pour les politiques régionales en Europe*, CERAS, 1998.

MAURICE J., *Pour une Europe sociale*, rapport CAE, la Documentation française, 2000.

MICELLI S., « Le développement local face au défi de la nouvelle économie : le cas italien », in *Comment améliorer la performance économique des territoires*, Caisse des dépôts et consignations, 2000.

OHMAE K., *De l'État-nation à l'État-région*, Dunod, 1996.

OHMAE K., *Géographie secrète de la nouvelle économie*, Village mondial, 2001.

PIKETTY, T., « Les inégalités dans le long terme », in *Inégalités économiques*, rapport n° 33 du CAE, la Documentation française, 2001.

PISANI-FERRY J., *Plein-emploi*, rapport n° 30 du CAE, la Documentation française, 2000.

PISANI-FERRY J., *la Bonne Aventure*, la Découverte, 2001.

RASOLOFOARISON J., « Les écarts de salaires entre régions s'expliquent surtout par la structure des emplois », *Insee-Première*, n° 738, septembre 2000.

RAVEYRE M., « Implication territoriale des groupes et gestion du travail et de l'emploi », *Revue de l'Ires*, n° 35, 2001/1.

RICHARD P., « Pour une identité économique européenne », *le Monde*, 11 juillet 2001.

SASSEN S., *the Global City : New York, London, Tokyo*, Princeton University Press, 1991.

SCOTT A.J., *Regions and the World Economy*, Oxford University Press, 1997 (trad. française : *les Régions et l'économie mondiale*, l'Harmattan, 2001).

STORPER M., *the Regional World*, New York, Guilford, 1997.

SUPIOT A. (dir.), *Au-delà de l'emploi*, Flammarion, 1999.

THIESSE A.-M., *la Création des identités nationales*, Seuil, 1999.

UNCTAD, *World Investment Report*, 1998, 1999, 2000, 2001, New York et Genève, Nation unies.

VELTZ P., *Mondialisation, villes et territoires : une économie d'archipel*, Paris, Puf, 1996.

VELTZ P., *le Nouveau Monde industriel*, Gallimard, 2000.

VERGEAU E., CHABANAS N., « Le nombre de groupes a explosé en 15 ans », *Insee-Première*, n° 553, 1997.

VERNON R., « International Investment and International Trade in the Product Cycle », *Quarterly Journal of Economics*, 80, 1966.

WEBER M., « Les sectes protestantes et l'esprit du capitalisme », traduction d'un article de 1906 publié en

complément in *l'Éthique protestante et l'Esprit du capitalisme*, Plon, 1964.
ZIMMERMANN B., « Nomadisme et ancrage territorial », *Revue d'économie régionale et urbaine*, n° 2, 1998.

Table des matières

Extrait du catalogue
Collection *Monde en cours*

Série *Intervention*

Alain Badiou, *D'un désastre obscur : État, droit, politique*
Alain Brossat, Jean-Yves Potel, *Au miroir de la guerre – réflexions sur la bataille du Kosovo*
Pierre Clastres, *Archéologie de la violence – la guerre dans les sociétés primitives*
Bruno Étienne, Henri Giordan, Robert Lafont, *Le Temps du pluriel – la France dans l'Europe multiculturelle*
Christelle Hamel, Diane Lemoine, *Rendez-vous au 35 bis : l'étranger, le juge et l'ethnologue*
Václav Havel, *Pour une politique post-moderne*
Joëlle Jedryka (coord.), *Des femmes pour les communes*
Philippe Lacoue-Labarthe et Jean-Luc Nancy, *Le Mythe nazi*
Hervé Le Bras, *Le Sol et le Sang*
Jan Rubeš, *Václav Havel, un révolutionnaire de velours*
Jean Viard, *Court traité sur les vacances, les voyages et l'hospitalité des lieux*
Immanuel Wallerstein, *L'histoire continue*
Immanuel Wallerstein, *L'Utopistique, ou les choix politiques du XXIe siècle*
Kosovo dans la nuit, textes réunis par Christiane Montécot, Alexandre Zotos et Anne-Marie Autissier

Achevé d'imprimer en mars 2002
sur les presses

HORIZON
GROUPE

Parc d'activités de la plaine de Jouques
200, avenue de Coulin
13420 Gémenos
pour le compte des éditions de l'Aube,
Le Moulin du Château, F-84240 La Tour d'Aigues

Conception graphique : Ph. Lesgourgues

Numéro d'édition : 690

Dépôt légal : avril 2002

Imprimeur n° 0203-121

Imprimé en France